봄의 꽃 길
여름의 숲 길
가을의 낙엽 길
겨울의 눈 길

영원을 품고
그리운 사랑을 담아

오늘의 주어진 길을
걷습니다

주님과 함께
성도들과 더불어
이웃과 자연을 벗삼아

정 현 구 드림

말씀과 함께 걷는

영혼의 사계절

말씀과 함께 걷는 영혼의 사계절

초판 2쇄 발행 2024년 12월 20일

지은이 정현구

발행인 이성만

발행처 (주)칼라커뮤니케이션

등록번호 제2007-000306호

주소 서울특별시 강남구 강남대로 320, 1108호(역삼동)

이메일 colorcomuni@gmail.com

편집 이의현 최성욱

마케팅 이재혁 김명진

표지디자인 조희영

편집디자인 최건호

ISBN 979-11-988421-6-9 (03230)

값 15,000원

굿트리는 (주)칼라커뮤니케이션의 임프린트 브랜드입니다.

말씀과 함께 걷는

영혼의 사계절

정현구 지음

굿트리

추천의 글

비발디의 사계가 음악의 세계를 더 풍성하게 해주었던 것처럼, 『말씀과 함께 걷는 영혼의 사계절』은 성도들의 영적 세계를 더 풍성하게 해줄 것으로 믿어 의심치 않습니다. 이 책은 저자와 하나님의 깊은 관계 속에서 우러나오는 진리의 보고이기 때문입니다. 또한 해석이 필요한 난해한 단어나 표현이 전혀 없는 매우 쉬운 언어들이지만, 한 문장도 놓칠 수 없는 영적 언어들로 구성되어 우리 영혼을 하나님께로 더 가까이 인도하기 때문입니다. 무엇보다도 모든 글들이 하나님의 말씀을 통하여 전해지고 있어서 다른 누구보다 오직 하나님의 영광만을 더욱 높이고 있습니다.

이 귀한 책이 많은 성도들에게 읽혀서 하나님이 지으신 창조세계의 풍성함을 더욱 많이 누리게 되기를 진심으로 바라면서 일독을 적극 추천합니다.

_이재훈 온누리교회 위임목사

생물학자 파울 에를리히Paul Ehrlich는 "자연의 법칙에 대한 무지는 용서받지 못한다"라고 말했습니다. 그만큼 자연의 사계절에 담긴 지혜를 아는 것은 매우 중요합니다.

어리석은 사람을 두고 철모르는 사람 또는 철딱서니 없는 사람이라고 합니다. 여기서 '철'은 '절기'를 의미하며, 히브리어로는 '모아딤'이라고 합니다. 이는 '여호와를 만나는 시간'이란 의미인데, '하나님과 만나는 신성한 약속'이란 뜻으로 새겨볼 수도 있습니다. 이런 점에서 영혼의 사계절은 하나님을 만나는 신성한 시간이자 약속이라 할 수 있습니다.

성경은 "때와 계절을 바뀌게 하시고 왕들을 폐하기도 하시고, 세우기도 하신다. 지혜자들에게 지혜를 주시고, 총명한 사람들에게 지식을 주신다"단2:21, 새번역라고 말했습니다. 저자가 일상 속에서 얻은 깨달음도 이 말씀처럼 찾아왔을 것입니다.

이 책을 손에 들고 읽으면서 문득 '나도 철들 수 있겠다'라고 생각했는데, 이 책을 읽는 독자들 또한 사계절의 영성에 듬뿍 물들어 철들 수 있기를 바랍니다.

_송길원하이패밀리 대표, 동서대학교 석좌교수

어떤 사람을 제대로 알아보려면 그 사람과 함께 봄, 여름, 가을, 겨울을 겪어봐야 한다는 말이 있습니다. 이 책은 한 사람의 신앙인이 겪는 사계절을 묘사함으로써 신앙의 세계와 그 비밀을 알려줍니다. 이 책을 읽노라면 조용한 시골 길을 가만히 묵상하면서 걷는 듯한 느낌을 받습니다. 소유보다 존재가, 효율보다 생명이, 성공보다 사랑이 더 소중하다는 변함 없는 진리를 깨닫게 됩니다.

이 책은 한 문장씩 천천히 읽으면 좋습니다. 끊임없는 자기 성찰과 인생에 대한 심오한 통찰이 담겨 있기 때문입니다. 이 책을 음미하면서 읽는 분들은 마음의 상처가 치료되고 잔잔한 기쁨이 회복되리라 믿습니다. 또한 인생의 연륜과 목회적 지혜가 빛나는 묵상을 통해 과연 인생이란 무엇인지 돌아보게 될 것입니다.

이 책에서 밝히고 있듯이, 우리가 하나님을 통해 이웃에게로 나아갈 수만 있다면, 이웃 안에서 하나님의 일하심을 발견할 수만 있다면, 이 세상은 더욱 밝아질 것입니다. 깊은 묵상에서 길어 올린 이 놀라운 지혜가 많은 분들에게 전달되기를 소망합니다.

_우병훈 고신대학교 신학과 교수

시끄러운 세상일수록 더욱 요란한 설교가 난무합니다. 하지만 늘 그렇듯이 저자의 설교와 글은 시끄럽고 요란한 시대에 어울리지 않게 조용하고 나직하게 우리 마음에 다가옵니다. 그리고 우리를 하나님 앞으로 조용히 이끌어 그분 앞에 무릎꿇게 하며, 나아가 그분을 닮고 싶은 마음이 들게 만듭니다. 이번 책에서도 여지없이 그런 마음을 느낍니다.

_김 신 전 대법관

　　이 책을 읽노라면

　　조용한 시골길을 가만히 묵상하면서

　　걷는 듯한 느낌을 받습니다.

　　소유보다 존재가,

　　효율보다 생명이,

　　성공보다 사랑이

　　더 소중하다는

　　변함 없는 진리를 깨닫게 됩니다.

목차

서문

땅에 뿌리를 내린 나무는 사계절을 지나면서 자랍니다. 봄에 꽃이 피고, 여름에 무성한 잎새를 만들고, 가을에 열매를 맺고, 겨울에 쉼으로 들어갑니다. 이러한 사계절의 과정을 통해 나무는 자랍니다.

사람도 나무를 닮았습니다. 위로 하늘을 올려다보고, 옆으로 팔을 펼치고, 아래로 땅에 발을 딛고 사는 모습이 그렇습니다. 나무와 같이 희망의 봄, 열정의 여름, 성찰의 가을, 고난의 겨울을 거치면서 각자의 신앙 및 삶의 나이테와 옹이를 만들어갑니다. 이러한 영혼의 사계절을 통과하지 않고 살아가는 사람은 아무도 없습니다.

하지만 그런 가운데서 무엇보다 큰 힘과 위로가 되는 것은 하나님이 우리와 함께하신다는 것입니다. 하나님은 영혼의 사계절을 지나가는 우리에게 계절에 맞는 옷을 마련해 주시고, 계절에 맞게 살아낼 수 있는 양식을 제공하십니다. 그것이 다름 아닌 성경입니다.

성경은 영혼의 사계절을 위한 옷들이 보관된 거대한 옷장입니다. 봄의 화사한 옷, 여름의 시원한 옷, 가을의 차분한 옷, 겨울의 따뜻한 옷이 모두 그 안에 있습니다. 또한 성경은 영혼의 사계절에 필요한 곡식과 열매들이 자라는 영적 산이요 들판이기도 합니다. 봄의 상큼한 채소, 여름의 시원한 과일, 가을의 풍성한 곡식, 겨울의 구근 식물이 모두 그곳에서 자라고 있습니다.

이 책은 영혼의 사계절을 위한 스물 네 편의 글들을 모은 묵상집입니다. 그중에서 독자들이 영혼의 사계절에 맞는 한 두 벌 정도의 입을 만한 옷을 발견할 수 있다면, 약간의 먹을 만한 양식을 찾을 수 있다면, 그리고 그것으로 영혼의 사계절을 통과하며 신앙과 삶에서 성숙의 높이와 성찰의 깊이를 더해갈 수 있다면 더할 나위 없이 좋겠습니다.

가을을 지나
겨울의 문턱에서
정현구

사람도 나무와 같이

희망의 봄,

열정의 여름,

성찰의 가을,

고난의 겨울을 거치면서

각자의 신앙 및 삶의

나이테와 옹이를 만들어갑니다.

그런 가운데서 무엇보다

큰 힘과 위로가 되는 것은

하나님이 우리와

함께하신다는 것입니다.

봄

지금 여기에서 주님의 뜻대로
복 있는 사람
묵상이 없는 삶은 방황입니다
예수님의 신발, 은혜와 진리로 걸으시다
우리는 사랑을 먹고 삽니다
은쟁반에 금사과

점과 같은 하나님의 뜻을

알려고 하기보다는

원과 같은 하나님의 뜻을

배우는 것이,

점처럼 알기 어려운 숨겨진 뜻보다

원처럼 명백하게 드러난 뜻을

익히려고 노력하는 것이,

더 중요합니다.

지금 여기에서
주님의 뜻대로

사람들은 내일에 대한 관심이 많습니다. 내일에 관한 하나님의 뜻을 미리 알 수 있다면, 그리고 그 뜻대로 선택할 수만 있다면, 삶이 보장될 것이라 기대합니다. 하나님께서 정하신 바로 그 사람을 만나고, 하나님께서 계획하신 바로 그 직장에 들어갈 수만 있다면, 하나님께서 내일을 형통하게 하실 것이라고 생각합니다. 그래서 선택을 앞두고 늘 주님의 뜻을 묻습니다. 하지만 그런 생각에는 주님의 뜻을 안다는 것, 그리고 그 뜻대로 산다는 것에 대한 오해가 있습니다.

큰일에 대해서는 주님의 뜻을 열심히 묻지만, 평범하고 사소한 일에 대해서는 주님의 뜻을 묻지 않아도 된다는 생각이 그중의 하나입니다. 날마다의 선택에 관해서는 '주님의 뜻'보다 '습관'을 따라 생각하고 선택합니다. 그래도 별문제가 없다고 생각합니다. 하지만 일상적인 일에 대해 주님의 뜻을 구하지 않는 것도 누적되다 보면, 큰일에서 주님의 뜻을 구하지 않는 것 이상으로 미래의 삶에 큰 영향을 미치게 됩니다.

배우자를 구할 때 주님의 뜻을 구하며 신중하게 결정했나요? 그러나 그 한 번 좋은 선택을 했다고 해서 평생 행복한 가정이 보장되는 것은 아닙니다. 물론 처음의 선택이 매우 중요합니다. 하지만 결혼 이후 일상에서 서로 좋은 배우자가 되기로 꾸준히 선택하지 않는다면, 그 가정의 행복은 보장되지 않습니다. 행복한 가정은 한 번 좋은 배우자를 선택하는 데서 끝나는 것이 아니라, 매일의 생활 속에서 사랑을 꾸준히 선택할 때 이루어집니다. 직업도 마찬가지입니다. 처음 한 번의 좋은 선택이 이후의 직장생활을 보장해 주는 것이 아닙니다. 직장 내에서 매일 주님의 뜻에 따른 선택이 지속되어야 합니다.

숨겨진 뜻보다 명백한 뜻

하나님의 뜻은 숨겨져 있어서 알기 매우 어려운 특별한 것이라는 생각도 우리가 주님의 뜻에 대해 갖는 오해 중의 하나입니다. 하나님의 뜻을 마치 인생의 좌표에 찍힌 하나의 점과 같은 것으로 생각합니다. 찾기 쉽지 않은 그 하나의 뜻을 찾으려고 여러 가지 방법을 사용하기도 합니다. 나를 향해 숨겨진 그 하나의 뜻을 잘 찾아내어, 그것을 따라 선택하고 행동한다면 매사가 잘되리라고 기대합니다.

하지만 하나님의 뜻은 '오직 하나'로 존재하지 않을 때가 더 많습니다. 하나님의 뜻은 종종 우리가 지켜야 할 어떤 범위로, 그리고 그 안에서 자유롭게 선택할 수 있는 선택의 공간으로 존재합니다. 우리가 어떤 것을 말씀의 범위 안에서 선택하면 그 선택은 나의 뜻이지만 동시에 하나님의 뜻이 됩니다. 하나님을 사랑하는 동기에서 어떤 것을 선택하면 하나님께서 그 선택을 통해 선을 이루어가십니다.

마치 이와 같습니다. 아버지가 자녀에게 일정 금액의 범위 안에서 핸드폰을 사라고 자유를 줍니다. 그 범위 안에서 자녀는 원하는 대로 선택합니다. 그러면 자녀의 뜻이 곧 아버지의 뜻이 됩니다. 이처럼 주님의 뜻이라는 범위 안에서

우리가 사랑으로 택한 자유의 선택은 하나님께서 그분의 주
권적인 뜻을 이루어 가시는 재료가 됩니다. 하나님께서는
이렇게 우리의 선택을 사용하시어 우리를 인격적으로 인도
하십니다.

　하나님의 뜻이 이러하다면, 우리는 하나님의 숨겨진 특
별한 뜻보다 명백하게 드러난 뜻을 잘 살피려고 노력해야
합니다. 사실 우리가 하나님의 뜻을 모르는 것이 아닙니다.
하나님의 마음은 이미 말씀 속에 있습니다. 성경이 드러내
는 명백한 뜻을 벗어나는 하나님의 특별한 뜻은 없습니다.
헌법을 벗어나면 어떤 법도 위헌이 될 뿐입니다. 명백한 하
나님의 뜻을 잘 알 때, 다양하고 구체적인 상황에서 어떻게
선택해야 할지 보다 쉽게 판단할 수 있습니다. 건강한 융통
성과 여유 있는 지혜를 갖게 됩니다.

　그래서 하나님의 숨겨진 신비한 뜻을 알려고 하기보다
는 말씀 속에 있는 명백한 뜻을 공부하는 것이 더 중요합니
다. 그리고 그 명백한 뜻 안에서 자유롭게 선택하고, 그 선
택한 것을 하나님께 맡기는 것이 좋습니다. 그러면 하나님
께서 복을 주십니다. 점과 같은 하나님의 뜻을 알려고 하기
보다는 원과 같은 하나님의 뜻을 배우는 것이, 점처럼 알기
어려운 숨겨진 뜻보다 원처럼 명백하게 드러난 뜻을 익히려

고 노력하는 것이, 더 중요합니다.

예수님께서 '주님의 뜻대로 사는 길'을 이렇게 말씀하셨습니다.

"먼저 그의 나라와 그의 의를 구하라"마6:33

점과 같이 찾기 어려운 어떤 뜻을 알려고 하기보다는 "그의 나라와 그의 의", 즉 명백한 주님의 뜻을 먼저 붙잡으라고 하십니다. 그리고 그 뜻을 '지금 이곳에서' 먼저 행하라고 하십니다. 내일을 위한 하나님의 숨겨진 하나의 뜻을 아는 것보다, 지금 이곳에서 주님의 명백한 뜻을 행하는 것이 우선입니다. 큰일에서만 하나님의 뜻을 찾지 말고, 작은 일에서도 그분의 뜻을 구하며 살아야 합니다. 그러면 필요한 모든 것을 더하십니다. 분명한 뜻을 지금 이곳에서 행하다 보면 보다 구체적인 뜻이 보입니다. 산의 한 능선을 오르면 그다음 넘어야 할 길이 보이는 것입니다.

오늘, 인생 최고의 순간

하나님의 뜻은 과거에 이미 운명적으로 결정되어 있는 어떤 것이 아닙니다. 미래에 비밀스럽게 숨겨진 어떤 것도 아닙니다. 하나님의 뜻은 바로 지금 이곳에서 행해야 할 어떤 것입니다.

"보라 지금은 은혜 받을 만한 때요 보라 지금은 구원의 날이로다"고후6:2

제럴드 싯처Gerald L. Sittser가 『하나님의 뜻』성서유니온, 2020에서 말한 것처럼, 하나님의 뜻은 과거나 미래에 관한 문제가 아니라 현재에 관한 문제입니다. 지금 이곳에서 주님의 명백한 뜻을 알고 그대로 사는 것이 답입니다.

아무리 과거가 무거운 짐이 되어 있다고 해도, 오늘 이곳에서 주님의 뜻대로 하나씩 선택하기 시작하십시오. 과거의 의미가 달라집니다. 아무리 미래가 불투명하다고 해도, 오늘 이곳에서 주님의 뜻대로 선택하기 시작하십시오. 미래가 열립니다. 과거도 미래도 오늘 이곳에서 주님의 뜻대로 사느냐에 달려 있습니다. 고칠 수 없는 과거는 없고, 운명처럼 정해진 미래도 없습니다. 다만 주님의 뜻을 따라 살아가는 현재가 과거를 다시 만들고 미래를 창조합니다.

지금 이곳에서 주님의 뜻대로 살아가는 것은 마치 인생의 밭에 씨앗을 뿌리는 것과 같습니다. 현재는 하나님의 뜻을 행하도록 주어진 유일한 시간과 공간입니다. 지금 이곳에서 생명의 씨앗을 파종하십시오. 지금 이곳에서 주님의 명백한 뜻을 따르십시오. 큰일만이 아니라 작은 일에도 그렇게 하십시오. 그렇게 하면 지금 이곳에서 내가 뿌린 그 선택의 크고 작은 씨앗들이 가을에 풍성한 열매를 맺게 할 것입니다. 과거도 미래도 결국 지금 여기서 어떤 씨앗을 뿌렸느냐에 달려 있습니다. 지금 이곳에서 주님의 뜻대로 살면 당신은 지금 희망을 심고 있는 것입니다.

66 성경이 말하는 복은

'남을 향하여 흘러 나가는 복'입니다.

'받는 복'을 넘어

'복되게 하는 복'입니다.

남의 행복을 통해서

자기도 진정으로

행복해지는 복입니다.

이런 복은 '자아'라는

영역의 담 안에

머무는 법이 없습니다. 99

복 있는 사람

우리 모두 복에 관심이 많습니다. 그 복이란 과연 어떤 것일까요? 우리가 구하는 복과 성경이 말하는 복은 어떤 차이가 있을까요? 심령이 가난한 자와 애통하는 자에게 선언하는 성경의 복과 세상의 복은 어떤 공통점이 있을까요? '전화위복', '새옹지마'라는 고사성어도 있듯이, 때론 화가 될 수도 있는 상대적이고 가변적인 복이 우리가 추구해야 할 유일한 복일까요? 과연 우리는 어떤 복을 구해야 하는 것일까요?

성경에서 '복'이란 단어는 창세기의 창조 이야기에 가장 먼저 등장합니다. 하나님께서는 창조된 동물들에게 복을 주셨습니다.

"그들에게 복을 주시며 이르시되 생육하고 번성하라"
창1:22

이어 인간에게도 복을 주시며 말씀하셨습니다.

"하나님이 그들에게 복을 주시며 하나님이 그들에게 이르
시되 생육하고 번성하여 땅에 충만하라"창1:28

나아가 안식일이라는 시간에도 복을 주셨습니다.

"하나님이 그 일곱째 날을 복되게 하사 거룩하게 하셨으
니"창2:2

창조의 이야기를 통해서 성경이 말하는 복은 '생육, 번성,
충만' 그리고 '안식일'과 관계가 있음을 알 수 있습니다.

복되게 하는 복

하나님께서는 먼저 '생육, 번성, 충만'이라는 복을 주셨습
니다. 이 복은 문자 그대로 보면, 자손의 수가 불어나고, 소

유가 늘어나고, 지경이 넓어지는 것입니다. 이 복을 이 시대의 안경을 끼고 보면, 그 의미는 '나의' 자손이 많아지고, '나의' 소유가 넘치고, '나의' 영역이 넓어지는 것입니다. 복 있는 사람은 자기라는 거대한 저수지에 물을 가득 담고 있는 사람이 됩니다.

그러나 하나님께서 주시는 복은 온 땅에 충만하게 되어야 할 복입니다. 그렇게 되려면 복이 강물처럼 온 세상을 향해 흘러야 합니다. 복이 여러 나라 모든 사람을 향하여 퍼져 나가야 합니다. '생육, 번성, 충만'이라는 복이 이루어지기 위해서는 복을 받은 사람이 다른 사람을 복되게 하고, 복을 받은 나라가 다른 나라를 복되게 하는 과정이 필수적입니다.

성경이 말하는 복은 '남을 향하여 흘러 나가는 복'입니다. '받는 복'을 넘어 '복되게 하는 복'입니다. 남의 행복을 통해서 자기도 진정으로 행복해지는 복입니다. 이런 복은 '자아'라는 영역의 담 안에 머무는 법이 없습니다.

하나님을 아는 복

하나님께서 태초에 주신 또 하나의 복은 '안식일'과 관계가 있습니다. 하나님께서 사람도 동물도 아닌 안식일에 복을 주셨다는 말씀의 의미는 무엇일까요? 안식일은 하나님께서 엿새 동안 세상을 창조하신 후에 안식하신 날입니다. 엿새 동안 창조하신 후 '피곤하신?' 하나님께서 피로를 푸시는 그런 쉼이 아닙니다. 오랫동안 작품에 몰두한 예술가가 완성된 작품을 보면서 흡족해하는 기쁨의 절정을 말합니다.

그 안식은 아무것도 하지 않고 쉬는 시간이 아니라, 감격에 겨워 함께 기뻐하며 축제를 벌이는 시간입니다. 만약 안식이 아무것도 하지 않는 의미의 쉼이라면, 안식일에 인간이 개입하여 하나님의 쉼을 방해해서는 안 됩니다. 그러나 그 안식이 축제라면, 인간이 하나님께 나아가 하나님과 함께 기뻐하고, 그분께 감사하고 예배하고 교제해야 합니다. 그때 축제로서의 안식이 이루어지기 때문입니다.

하나님께서 안식일에 복을 주셨다는 의미가 무엇일까요? 인간을 창조주 하나님의 임재와 사귐으로 초청하셨던 하나님께서 또한 하나님과 교제하는 복을 그들에게 주셨다는 의미입니다. 인간은 '하나님을 아는 복'을 받았는데, 이것이 복 중의 복입니다.

가라! 복이 되라!

창세기 12장의 아브라함 이야기에서 다시 '복'이라는 단어가 등장합니다. 하나님께서는 아브라함에게 복을 주셨습니다. 아브라함이 복의 근원이 되어서, 그를 축복하는 자가 복을 받고 나아가 모든 족속이 그로 말미암아 복을 받는다는 내용입니다창12:1-3. 이 복은 창조 때 아담에게 주셨던 바로 그 복으로서, 아브라함에게서 다시 회복된 것입니다.

하나님께서는 먼저 아브라함을 그의 고향 갈대아 우르에서 떠나라고 하셨습니다. 당시에는 고향을 떠나는 것이 엄청난 위험을 감수하는 일이었는데, 왜 하나님께서 그를 떠나게 하셨을까요? 갈대아 우르는 하나님을 거역하는 바벨의 정신이 가장 충일한 곳이었기 때문입니다. 만약 그가 그곳에 머물렀다면 아브라함은 바벨의 정신을 따라 하나님을 거역하면서 살다가 죄와 심판의 운명을 결코 벗어날 수 없었을 것입니다.

그런 그를 불러내신 것은 그에게 가장 중요한 복을 주시기 위함이었습니다. 그 복은 '하나님을 아는 복'이었습니다. 모든 사람들이 다 우상을 섬기던 시대에 아브라함은 참 하나님을 알고 경배하는 최고의 복을 받았고, 결국 믿음의 조상이 되었습니다.

이어 하나님께서는 또 다른 축복을 선언하셨습니다.

"너는 가라 … 너는 복이 될지라"창12:1-2

"땅의 모든 족속이 너로 말미암아 복을 얻을 것이라"창12:3

이 말씀의 강조점은 아브라함이 받게 될 복의 양이 아니라, 그를 통해서 복을 받게 될 많은 열방입니다. 이처럼 하나님께서 아브라함에게 주신 두 번째 복은 그를 통하여 모든 민족이 복을 받는 것, 즉 '남을 복되게 하는 복'이었습니다.

두 가지 복

우리는 복을 구하며 삽니다. 구하는 복들에는 여러 가지가 있습니다. 그러면 우리는 어떤 복을 먼저 구하며 살아야 할까요? 창조 때 하나님께서 아담에게 주셨던 그 복, 그리고 아브라함에게 다시 회복시키신 바로 그 복을 구해야 합니다.

먼저 '하나님을 아는 복'을 구하십시오.

"복 있는 사람은 … 오직 여호와의 율법을 즐거워하여 그의 율법을 주야로 묵상하는도다"시1:1-3

"여호와를 경외하며 그의 길을 걷는 자마다 복이 있도다"

시128:1

창조주께서 주신 선물은 많이 가지고 있으면서, 정작 선물을 주신 창조주는 모르는 사람이 너무 많습니다. 하나님과의 인격적인 관계를 맺지 못하고 산다면 성경이 말하는 참 복을 모르는 것입니다.

둘째, '남을 복되게 하는 복'을 구하십시오. "생육하고 번성하라"는 하나님의 뜻이 이 땅에 이루어지려면, 우리가 남을 복되게 하는 삶을 살아야 합니다. 아담이 그렇게 창조되었고, 아브라함이 그런 존재로 부름을 받았고, 예수님께서도 주는 것이 받는 것보다 복되다고 하셨습니다. 내가 복의 저수지가 아니라 복의 파이프가 되어 나로 인해 남이 복을 받게 될 때, 우리는 진정으로 복 있는 사람입니다. 우리는 '와서 복을 받자'라고 말하기를 좋아하지만, 하나님께서는 '가서 복이 되라'고 말씀하셨습니다.

달란트 비유와 청지기 비유가 교훈하는 바가 무엇일까요? 얼마나 많은 달란트를 가졌느냐 하는 것이 아니라 그것으로 얼마나 많은 사람을 복되게 했느냐 하는 것이 중요하다는 진실입니다. 세상은 얼마나 많이 소유했느냐를 복의 기준으로 삼지만, 천국은 얼마나 남을 복되게 했느냐를 복의 기준으로 삼습니다. 복을 가지고 있으면서 그것으로 남을 복되게 하지 않으면, 그는 복이 아니라 오히려 심판 아래 있는 것입니다. 살면서 그 누군가가 나로 인해서 행복할 수 있는 삶을 살도록 하는 것이 진정으로 복 있는 사람입니다.

이 땅을 살아가면서 우리는 모두 복을 구합니다. 무슨 복을 구하고 싶으신가요? 성경이 가르치는 복을 구하는 사람이 진정으로 행복합니다. 그는 하나님 나라와 그의 의를 구하는 사람입니다. '복 있는 사람'으로 사는 복이 넘치는 삶이 되기를 바랍니다.

묵상이 없는 삶은
방황입니다

또 하나의 출애굽

이스라엘 백성들이 애굽을 춤추듯 빠져나왔습니다. 하나님의 전적인 은혜로 얻은 자유였습니다. 이렇게 출애굽한 이들이 가나안을 향해 가면서 택할 수 있는 길은 세 가지였습니다. 하나는 '블레셋 사람의 길'로 알려진 편한 평지 길이었고, 또 하나는 내륙으로 조금 들어선 길이었고, 마지막 하나는 시내 광야를 우회하여 가는 멀고도 험난한 길이었습니다. 이 세 가지 길 중에서 하나님께서 인도하신 길은 홍해를 거쳐 멀고 험한 광야를 지나는 길이었습니다. 광야와 홍해의 길, 왜 그 길로 인도하셨을까요? 그 이유는 그들에게 또 하나의 출애굽이 필요했기 때문입니다.

이스라엘 백성들이 광야와 홍해 길로 들어서자, 바로가 이것을 놓칠 리가 없었습니다. 독 안에 든 생쥐와 같은 그들을 생포하기 위해 바로는 이스라엘 백성 뒤를 바짝 추격해 들어왔습니다. 뒤에는 바로의 군대, 앞은 홍해 바다, 이런 진퇴양난의 막다른 골목에서 이스라엘 백성은 어떻게 했을까요? 그들은 두려움으로 발을 동동 구르다가 모세를 향해 소리를 지르며 원망을 쏟아 내기 시작했습니다.

"애굽에 매장지가 없어서 당신이 우리를 이끌어 내어 이 광야에서 죽게 하느냐"출14:11

모든 것이 끝났다는 절망까지 더해지니, 마음속에서 용암처럼 부글부글 끓던 원망이 화산이 되어 분출되고 말았습니다.

그러나 홍해라는 절대 절망의 벼랑 끝에서 하나님께서는 전혀 상상하지도 못했던 길을 열어 주셨습니다. 바다 속으로 길이 난 것입니다. 출렁이는 파도를 딛고 걸어간 것보다 더 놀라운 기적이었습니다. 이것은 일생일대 최고의 순간이었고, 그들은 그때의 감격을 악기로, 춤으로, 찬양으로 표현

했습니다. 그리고 구름을 딛는 기분으로 춤추며 목적지를 향하여 발걸음을 옮겼습니다.

그런데 사흘쯤 길을 걷자 목이 말랐습니다. 마실 물을 찾지 못하다가 어렵사리 광야에서 작은 샘물을 만났는데, 그것은 먹을 수 없는 쓴 물이었습니다. 곧바로 원망이 입 밖으로 튀어나왔습니다.

이후로도 이스라엘의 이런 모습은 계속 반복되었습니다. 먹는 문제가 생기면 즉각 원망했고, 맛있는 고기가 없으면 또다시 원망했습니다. 거의 조건반사적이었습니다. 뿐만 아니라 이런 원망 강도는 점점 높아져 갔습니다. 모세가 백성들의 돌에 맞아 죽을지 모르겠다는 위기감을 느낄 정도였습니다출17:4.

그들의 이야기

그들의 이야기를 읽으면서 우리는 그 행동과 태도에 혀를 차며 말합니다. '저렇게 어리석을 수가.' 그들의 반복되는 원망을 보면 그들에게 자유민이라는 이름을 붙여 줄 수가 없을 것 같습니다. 몸은 자유롭다고 하나 마음은 여전히 노예로 살고 있는 것으로 보이기 때문입니다. 대체 그들이 왜 그렇게 된 것일까요?

이런 생각을 해봅니다. '만약 그들이 홍해 앞에 섰을 때 애굽에서 봤던 기적 중 하나만이라도 기억했다면 어떻게 되었을까?' '만약 그들이 마라의 쓴 물을 만났을 때 사흘 전 경험했던 홍해의 기적을 떠올렸다면 어떻게 되었을까?' '먹을 것이 없었을 때 그들이 마라의 쓴 물을 단 물로 바꾸셨던 기적을 잠시라도 생각했다면 어떻게 되었을까?' 그들이 과거의 기적과 은혜를 그렇게 속히 잊지 않았다면 분명코 그렇게 쉽게 원망하지도 않았을 것입니다.

그들이 홍해라는 거대한 문제 앞에서 원망했다는 것은 이해가 됩니다. 하지만 일상의 사소한 일 앞에서 반복적으로 원망하는 것은 홍해 기적을 목도한 이들에게는 격에 맞지 않아 보입니다. 그들은 계속 원망했습니다. 그들이 먹을 것으로 원망했을 때, 하나님께서 그들에게 만나를 주셨습니다. 만나라는 음식을 처음 본 이들은 "이것이 무엇이냐?"라고 물었고, 모세는 "여호와께서 너희에게 주어 먹게 하신 양식"출16:15이라고 대답했습니다.

만나는 하늘에서 내린 초자연적 음식일 수도 있고, 하나님께서 광야에서 발견케 하신 자연적 음식일 수도 있습니다. 메추라기도 하늘이 보낸 초자연적 고기일 수도 있고, 하나님께서 아프리카에서 지중해로 몰려오게 하신 자연적 음식일 수도 있습니다. 문제는 그 음식이 초자연적인가 자연적인가 하는 것이 아닙니다.

그보다 매일 그것들을 먹으면서 그 음식이 그들에게 평범한 일상이 되어 가자, 그들은 그 속에서 하나님의 은혜를 더 이상 보지 못했다는 것입니다. 그들은 열 가지 재앙이나 홍해와 같은 극적이고 기적적인 순간에서는 하나님을 봤지만, 일용할 양식이라는 일상 속에서는 하나님의 일하심을 보지 못했습니다. 바로 그것이 그들을 원망하게 만든 것입니다.

그들이 매사에 원망했던 가장 중요한 원인은, 그들을 향한 하나님의 목적과 뜻에 대한 무지와 불신입니다. 광야 길은 그들이 생각한 쉽고 편안한 길이 아니었습니다. 그들이 생각했던 길로 가지 못했다는 생각이 원망의 깊은 원인이 되었을 수 있습니다.

그러나 빠른 길로 갔다면 그들은 분명히 블레셋 군대와 조우하게 되었을 것이고, 다시 애굽으로 도망치며 되돌아갔을 것입니다. 또 그들이 홍해 앞에 서지 않았다면, 그들은 바닷속에도 길이 열릴 수 있다는 것을 체험할 수 없었을 것입니다. 그리하여 절망스러운 현실 앞에서 좌절하지 않을 수 있는 믿음을 갖지 못했을 것이고, 그런 신앙적 체험이 없었다면 광야의 길을 걸어갈 수 없었을 것입니다.

가만히 보면 광야의 길, 홍해라는 벼랑 끝과 같은 위기 뒤에는 미래의 여정을 위한 믿음의 준비라는 섭리가 있었습니다. 이런 하나님의 신실하신 뜻과 목적을 몰랐기에 그들은 원망하였던 것입니다.

우리의 이야기

그들의 원망의 이야기를 안타까운 마음으로 읽다 보면, 점점 그들의 이야기가 결코 낯설지 않다는 느낌을 받습니다. 왜냐하면 그들의 모습 속에 나의 모습이 있기 때문입니다. 그들처럼 나도 과거에 받은 은혜와 축복을 얼마나 빨리 잊어버리는지 모릅니다. 문제를 만나면 지난 은혜를 금방 망각하고 현실 앞에서 원망하기 일쑤입니다. 은혜를 너무 쉽게 망각하는 그들이 곧 나입니다.

그들처럼 나도 일상 속에서 하나님의 은혜를 잘 보지 못하고 삽니다. 특별한 감정이나 사건이 있어야 하나님께서 계신다고 느끼고, 별 감정도 특별한 사건도 없는 일상의 흐름 속에서는 하나님께서 함께하심을 깨닫지 못하며 삽니다. 평범한 삶 역시 하나님의 은혜임에도 불구하고, 신앙을 홍해를 건너는 극적 순간들의 연속으로만 생각하고, 그것이 일상의 궤도를 묵묵히 걸어가며 하나님을 의지하는 과정임은 모르고 지냅니다.

그들처럼 나 역시 내가 원하는 길로 인도되지 않았다고 원망할 때가 얼마나 많은지 모릅니다. 내가 원했던 그 길이 반드시 나에게 최선의 길이 아님에도 불구하고 말입니다. 사실 최선의 길은 나에게 쉽고 편한 길이 아니라 하나님과 함께 가는 길입니다. 그 길에 참 섭리와 뜻이 있습니다.

묵상의 길

이렇게 보면 그들이 원망했던 이유는 외적 환경 때문만이 아니었습니다. 오히려 그들 내면의 애굽 때문이었습니다. 몸은 출애굽했지만, 마음은 아직 출애굽하지 못했기 때문입니다. 외적 출애굽을 위해 홍해를 건너는 것이 필요했다면, 내적 출애굽을 위해서는 광야를 통과해야만 했습니다. 몸이 애굽을 벗어나는 것은 한 번의 사건으로 가능하지만, 마음이 애굽을 벗어나려면 광야라는 긴 과정이 필요합니다. 믿는다는 것은 한 번의 결단으로 시작하지만, 길을 걷는 일생의 과정이 요구됩니다. 때로 광야의 고독과 광야의 막막함이 필요합니다. 이런 과정을 통해 우리는 우리 속의 또 하나의 애굽을 발견하게 되고, 점진적으로 그것으로부터 출애굽하게 됩니다.

우리 모두에게는 벗어나야 할 내면의 애굽이 있습니다. 그것에서 벗어나기 위해 필요한 것은 홍해 같은 기적이 아니라 광야의 길 위에서 지속되는 묵상임을 잊지 마십시오. 과거의 은혜를 기억하는 묵상, 일상 속에 하나님의 돌보심을 깨닫는 묵상, 모든 상황 속에 존재하시는 하나님의 목적과 섭리를 보는 묵상이 필요합니다. 물과 양식이 부족해서 원망이 나오는 것이 아니라 묵상이 없어서 원망이 나옵니다. 과거의 은혜, 현재의 임재, 미래의 목적에 대한 묵상이 있으면 동일한 상황에서도 반드시 다르게 행동하게 됩니다.

묵상이 없으면 인생길은 방황입니다. 그러나 묵상이 있으면 그 길은 하나님과의 아름다운 동행의 길이 됩니다. 아름다운 봄입니다. 당신의 길에 묵상이 있기를 바랍니다. 묵상의 길가에는 은혜의 향기를 발하는 꽃들이 핍니다. 이 봄의 행복한 길을 주님과 함께 묵상하며 걷기를 바랍니다.

예수님의 신발,
은혜와 진리로 걸으시다

길을 나서시다

예수님께서는 어떤 신을 신고 걸으셨을까요? 뜬금없는 질문 같지만, 가만히 생각해 보십시오. 예수님께서 걸으신 유대 땅은 유난히 돌이 많은 땅이었습니다. 신을 신지 않고서는 도저히 걸을 수 없었습니다. 이런 거친 길은 당시 로마 치하에 있었던 유대의 거친 현실을 상징하는 것이기도 합니다. 아마 그 시대만큼 모순과 질곡이라는 돌멩이들이 널려 있었던 때도 드물 것입니다.

신을 신지 않고는 몇 발짝도 걷기 힘들었던 그 시대의 땅을 예수님께서는 어떤 신을 신고 걸으셨을까요? 어떤 신을 신고 걸으셨기에, 좌로나 우로나 치우치지 않으시고 하나님의 뜻을 따라 걸어갈 수 있으셨을까요?

우리도 주어진 시대의 길을 걷습니다. 잘 포장된 길도 있지만 그렇지 않은 길이 더 많습니다. 길 위에 수많은 문제의 돌멩이들이 널려 있습니다. 정치, 경제, 사회, 교육, 어느 곳에나 거친 돌들이 깔리지 않은 곳이 없습니다. 이런 길을 누가 맨발로 걸을 수 있을까요? 이런 돌들이 깔린 길은 어떤 신을 신고 걸어야 할까요? 어떤 신을 신어야 균형을 잃지 않고 걸어 목적지에 이를 수 있을까요?

> "말씀이 육신이 되어 우리 가운데 거하시매 우리가 그의
> 영광을 보니 아버지의 독생자의 영광이요 은혜와 진리가
> 충만하더라"요1:14

육신이 되신 말씀이 우리 가운데 거하셨습니다. "거하시매"라는 말은 한 장소에 머무셨다는 뜻이 아니라 '성막이동용 성전을 치셨다'라는 뜻입니다. 그러므로 '거하신다'라는 것은 우리와 함께 동행하신다는 역동적인 의미입니다. 말씀이 육신이 되어 우리와 함께 길 위에서 걸으십니다. 이렇게 우리의 길에서 같이 걸으시는, 육신이 되신 말씀은 양발에 '은혜

와 진리'라는 신을 신고 걸으셨습니다.

두 모순이 만나는 자리

복음서를 보면 실로 예수님께서는 평생 '은혜와 진리'라는 신을 신고 걸으셨음을 알 수 있습니다. 진리의 신을 신고 내딛는 곳마다 거짓된 것, 옳지 못한 것이 드러났습니다. 거룩하다고 여겨진 종교적 선행 속에 깊이 감추어졌던 잘못까지도 밝히 드러났습니다. 그런가 하면 예수님께서는 가시는 곳마다 상한 갈대를 꺾지 않으시고 꺼져 가는 등불도 끄지 않으셨습니다. 은혜의 신을 신고 걸으신 것입니다.

이처럼 은혜와 진리의 신을 신고 걸으셨는데, 사실 이 두 신을 신고 걷는다는 것은 말처럼 쉬운 일이 아닙니다. 왜냐하면 은혜와 진리는 서로 모순적이기 때문입니다. '은혜'는 용납하고 허물을 덮어주는 사랑이라면, '진리'란 잘못을 바로잡고 합당하게 책망하는 공의이기 때문입니다. 마치 '진리'는 조건을 따지고 옳고 그름을 나누는 창槍이라면, '은혜'는 조건을 따지지 않고 호의를 베푸는 방패防牌와 같습니다.

은혜와 진리는 이처럼 본질상 서로 상반된 관계에 있기

에, 이 둘을 동시에 붙드는 것은 매우 힘듭니다. 깨어 있지 않으면 어느새 '은혜 없는 진리'가 되거나 '진리 없는 은혜'가 되기 쉽습니다. 만약 이렇게 되면 은혜도 은혜답지 못하고 진리도 진리답지 못하게 됩니다. 은혜와 진리는 결코 분리되어서는 안 됩니다. 문제는 이 둘을 단어로 연결할 수는 있지만, 한 사람의 인격과 삶에서 통합하는 것은 어렵다는 것입니다. 은혜는 많지만 진리가 없거나, 진리는 많지만 은혜가 없는 사람으로 사는 경우가 대부분입니다. 우리의 과제는 이 둘을 얼마나 균형 있게 삶 속에 통합시키느냐 하는 것입니다.

예수님께서는 평생을 은혜와 진리의 신을 신고 걸으시다가 마침내 최종 목적지에 이르셨습니다. 바로 골고다입니다. 골고다의 십자가에서 절대 은혜와 절대 진리가 만났습니다. 죄를 심판하는 거룩한 공의와 죄인도 살리는 위대한 사랑이 그곳에서 하나가 되었습니다. 진리의 신만 신으셨다면 골고다까지 갈 것 없이 이 땅을 심판하셨을 것입니다. 은혜의 신만 신으셨다 해도 마찬가지로 골고다까지 갈 것 없이 갈릴리에서 먹이고 병 고치는 일만 하셨을 것입니다. 그러나 은혜와 진리의 두 신을 신고 걸으셨기에 구원의 십자가에 오르실 수 있었습니다.

내가 신고 있는 신은?

우리도 삶의 땅을 걸어갈 때 예수님처럼 은혜와 진리의 신을 신고 걸어야 합니다. 내면의 땅을 걸을 때를 생각해 보십시오. 죄를 짓고 나면 죄책감이 생깁니다. 우리에게는 죄에 대해 민감한 진리의 마음이 필요합니다. 그러나 그런 마음만 있으면 인생길을 계속 걸어갈 수가 없습니다. 십자가의 용서를 통해 죄책감을 해결하는 은혜의 신을 함께 신어야 합니다. 바울 사도는 우리가 복음의 은혜와 진리의 실천이라는 두 신을 함께 신고 걷도록 가르칩니다. 그래서 그의 서신서에서는 복음과 실천이 항상 '그러므로'라는 접속사로 연결됩니다.

인간관계의 땅을 걸을 때도 마찬가지입니다. 어떤 사람은 남의 허물을 잘 들추어냅니다. 그런 말들은 내용이 옳다 하더라도 덕을 세우는 데는 대체로 실패합니다. 어떤 사람은 '은혜스럽게 합시다'라고 하면서 적당히 넘깁니다. 당장은 갈등이 없으니 좋은 것 같으나 원칙이 무너지면서 문제가 점점 악화됩니다.

진리나 은혜 중에 한쪽만 신으면 인간관계도 바로 세워지지 않습니다. 성경은 "오직 사랑 안에서 진리를 말하라"엡

4:15고 합니다. 진리를 말한다 해도 사랑이 없으면 그 진리는 사람을 해하는 흉기가 될 수 있습니다. 오직 사랑으로 말하는 진리만이 사람을 살리는 수술용 칼이 됩니다. 그러므로 진리와 사랑은 반드시 함께 있어야 합니다.

우리가 사는 이 세상의 땅을 걸어갈 때도 그렇습니다. 최근 우리 사회에 좌우 갈등이 심각합니다. 각각 상대 진영이 사라지면 훨씬 나은 세상이 될 거라 믿는 것 같습니다. 그러나 문제는 상대방의 존재 자체가 아니라 그 존재를 부정하고 폄하하는 자기 자신입니다. 대화를 거부하고 자기 입장만 옳다고 여길 때, 우리는 특정 이념을 숭배하는 어리석은 자들이 되고 맙니다. 복음주의자 존 스토트는 그리스도인의 정치적 입장에 관해서 말할 때, "급진적 보수radical conservative" 란 단어를 사용했습니다. 우리는 변화되지 말아야 할 가치를 끝까지 붙드는 보수이면서, 변화되어야 할 것을 기꺼이 변화시키는 진보이어야 한다는 뜻입니다.

교육의 땅을 걸을 때를 생각해 보십시오. 교육은 지식과 성품, 이 둘을 동시에 붙들어야 합니다. 둘 중의 어느 하나도 결코 놓칠 수 없습니다. 하지만 요즘 교육은 하나만 붙들고 하나는 포기해 버린 것 같습니다. 마치 지식이란 한쪽 신만 신으면 시대의 험한 길을 잘 걸어갈 수 있다고 착각하는 것 같습니다.

교회야말로 마땅히 은혜와 진리의 신을 신고 걸어야 합니다. 뜨거운 은혜와 분명한 진리, 이 둘이 함께 있어야 건강한 교회입니다. 말씀의 진리가 지식만으로 존재한다거나, 은혜가 맹목적 열성 속에서만 타오른다면 어떻게 될까요? 은혜를 아우르는 진리의 말씀과 진리를 달구는 은혜의 불이 함께 있을 때, 비로소 영혼도 살고 현실도 변화시킬 수 있습니다.

이 세상에 봄이 오려면

성경에 이런 말씀이 있습니다.

"인애와 진리가 같이 만나고 의와 화평이 서로 입맞추었으며" 시85:11

인애와 진리, 의와 화평, 이 둘은 서로 모순이지만 서로 만날 때 비로소 구원과 샬롬이 존재할 수 있습니다. 바이올린의 현이 너무 팽팽하거나 너무 느슨하면 음악을 연주할 수 없습니다. 악기가 오직 건강한 긴장 속에 있을 때만 아름다운 선율을 만들 수 있는 것처럼, 우리의 말과 행동도 은혜와 진리의 건강한 긴장 속에 있을 때 비로소 하나님께 영광을 돌릴 수 있습니다.

봄이라는 계절입니다. 하지만 우리가 사는 세상에는 아직 봄이 오지 않았습니다. 남북문제, 경제문제, 실업문제, 빈부문제, 교육문제, 정치문제, 외교문제 …. 우리가 걷는 길 위에 얼마나 돌들이 많은지 모릅니다. 돌이 유난히 많았던 유대 땅을 예수님께서 은혜와 진리의 신을 신고 걸으셨던 것처럼, 우리도 예수님의 신을 신고 걸어야 합니다. 이렇게 은혜와 진리의 신을 신고 걷는 자들이 많아질 때 비로소 이 시대에 봄이 올 것입니다.

예수님께서는 지금도 우리 곁에서 은혜와 진리란 신을 신고 걷고 계십니다. 이 세상에 구원의 봄이 오게 하시기 위해서 말입니다.

우리는 사랑을 먹고 삽니다

보리 떡 다섯 개와 물고기 두 마리로 오천 명을 먹이셨다는 오병이어의 이야기는 매우 잘 알려진 성경 속의 기적 이야기입니다. 이 기적은 그 자체로도 특별하지만, 우리는 예수님께서 그것을 통해 전하시려는 영적 진리에 더욱 주목해야 합니다. 예수님께서는 말씀으로도 진리를 가르치셨지만, 사건으로도 가르치셨습니다. 오병이어 기적이 그런 경우입니다.

오병이어 사건을 통해 주님께서는 무엇을 가르치려 하셨을까요? 어떤 이는 이 사건은 빌립처럼 부정적 사고를 갖지 말고 안드레처럼 작은 가능성만으로도 할 수 있다는 긍정적 사고를 가져야 한다는 가르침이라고 말합니다. 또 어떤 이는 혼자 오천 명 분을 먹으려는 사람이 아니라 오천 명을 먹이는 사람이 되어야 하며, 이렇게 하기 위해 높은 자리에 오르는 것이 예수님의 뜻이라고 말합니다. 그러나 과연 그것이 예수님께서 이 기적을 통해 우리에게 가르치시려는 것일까요?

구원자

큰 무리가 예수님을 따라 들판까지 온 것은 예수님의 병고침 표적을 보고서 또 다른 표적을 기대했기 때문입니다. 마침 그때가 출애굽의 모세를 떠올리는 유대 명절인 유월절이었기에, 그들은 예수님께서 모세처럼 로마 치하의 어려운 상황을 해결해주는 기적을 행하시기를 바랐을 것입니다.

이런 마음을 가진 무리가 예수님께 모여들었는데, 날이 저물고 저녁 시간이 되었지만 들판이라 음식 사 먹을 곳도 없었습니다. 이에 예수님께서는 제자들에게 "어디서 떡을 사서 이 사람들을 먹이겠느냐"요6:5라고 물으셨고, 계산이 빨랐던 빌립은 이들을 조금씩이라도 먹이기에는 "이백 데나리온의 떡"요6:7도 부족하다고 했습니다. 당시 한 데나리온이 노동자 하루 품삯이니, 이백 데나리온은 대단히 큰돈입니다. 그래서 그는 무리를 되돌려 보낼 수밖에 없다고 했습니다.

그 사이에 제자 안드레는 무리들 속에 먹을 것이 있는지 찾아봤는데, 고작 한 아이가 가진 도시락 하나가 전부였습니다. 그는 이것을 예수님께 들고 와서 "여기 한 아이가 있어 보리떡 다섯 개와 물고기 두 마리를 가지고 있나이다 그러나 이것이 이 많은 사람들에게 얼마나 되겠사옵나이까"요 6:9라고 말했습니다. 결국 있는 것은 가난한 사람들의 한 끼 식사가 전부이니, 이들을 되돌려 보내는 것 외에는 답이 없다는 것입니다. 두 명의 제자가 다 사람들을 되돌려 보내야 한다고 말했습니다.

그런데 이런 보고를 들은 예수님께서는 아랑곳하지 않으시고 "이 사람들로 앉게 하라"요6:10고 말씀하십니다. 밥 먹을 채비를 하게 하라는 말씀입니다. 어안이 벙벙한 말씀이었지만 제자들은 무리를 밥 먹을 대형으로 앉혔고, 무리는 웅성거리면서 식사 자세로 풀밭에 앉았습니다. 이때 주님의 손에 들린 것은 오병이어뿐! 그것을 들어 기도하신 예수님께서는 제자들에게 그것을 나눠주게 하셨는데, 결국 무리가 다 배불리 먹고 열두 바구니나 남게 되었습니다. 어떻게 이렇게 되었는지 가히 상상할 수도 없는 기적이었습니다. 그런데 성경은 기적 자체보다 그 의미에 계속해서 주목하게 합니다.

무리가 오병이어 기적을 통해 배부르게 되었는데, 이후 그들은 어떤 반응을 보였을까요? '배부르다'라고 말한 것으로 끝났을까요? 아닙니다. 그들은 즉각 기적을 베푸신 예수님을 주목하면서 이분이 어떤 분인가를 생각하게 되었습니다. 그들은 병 치유의 기적을 볼 때까지만 해도 반신반의했지만, 오병이어의 기적을 보고 나서는 확신을 갖고 말합니다.

"이는 참으로 세상에 오실 그 선지자라"요6:14

예수님을 새로운 유월절 해방을 가져다줄 모세로 믿게 된 것입니다. 그럴 만도 한 것이 모세가 광야에서 만나로 먹였듯이, 유월절 절기를 앞두고 예수님께서 들판에서 수많은 이들을 오병이어로 먹이셨으니, 그런 예수님에게서 모세를 보는 것은 당연했습니다.

비록 예수님께서는 자신을 지도자로 삼으려는 무리를 거절하시고 그 자리를 피하셨지만, 결과적으로 이 기적은 예수님께서 누구신지를 보여주었습니다. 예수님께서는 정치적, 경제적, 영적 애굽에서 우리를 해방시키는 참 구원자이

십니다. 오병이어 기적이 가장 먼저 보여주려는 것이 바로
이것입니다.

사랑이 흐르는 밥상 공동체

이렇게 예수님께서 우리를 해방시키는 구원자시라면, 그
분께서 우리에게 주시는 구원은 무엇이며, 우리를 어떠한
가나안으로 인도하실까요?

당시 무리는 메시아가 나타나 로마의 지배로부터 자신들
을 해방시켜 유대 정부를 이루는 제2의 출애굽을 이루어 주
기를, 그리고 로마의 많은 떡을 빼앗아 그들에게 나누어 주
기를, 유대인들도 로마 사람처럼 오천 명 분을 쌓아놓고 먹
는 삶을 살게 해주기를 기대했습니다. 이것이 바로 그들이
메시아를 통해서 기대했던 구원이었습니다. 오늘날의 번영
신학이 가르치는 메시지와 흡사합니다.

그런데 그렇게 된다고 백성들이 행복해질까요? 그렇게
그들 속에 오천 명 분을 차지하려는 마음을 갖고 있다면, 독
립하여 유대 정부를 이룬 후에도 그들 속에서 힘 있는 소수
가 나타나 실제로 오천 명 분을 독점하게 될 것이고, 그로

인해 불만이 생겨나면서, 또 다시 유월절의 해방과 제3의 모세를 고대하게 될 것입니다. 이것은 진정한 해방이 아닙니다. 그들이 구한 것은 예수님께서 주시려는 참 구원이 아니었습니다.

우리는 주님께서 배고픈 사람들을 먹이시는 기적을 행하실 때 한 아이의 도시락인 오병이어를 사용하셨다는 점을 주목해야 합니다. 주님께서 한 아이의 오병이어를 가지고 이 기적을 이루신 것에는 깊은 뜻이 있습니다.

그들은 들판에서 그들 앞에 차려진 기적의 떡을 먹으면서 조용히 떡만 먹었을 리가 없습니다. 떡과 함께 떡에 얽힌 한 소년의 이야기를 먹었을 것입니다. 그들은 오병이어를 내어놓은 한 아이의 착한 마음이 주는 감동을 함께 먹은 것입니다. 그래서 그들은 떡만으로 배부른 것이 아니라, 오병이어 속에 담긴 사랑 때문에 마음까지 배부르게 된 것입니다. 예수님께서는 그들을 산해진미가 차려진 호화스러운 식탁이 아니라, 그 속에 사랑이 담긴 소박한 식탁으로 인도하셨습니다. 성경이 증거하는 구원은 오천 명 분의 밥이 쌓여 있는 곳이 아니라, 밥 속에 사랑이 흐르는 그런 밥상 공동체입니다. 이곳이 예수님께서 영적 모세로서 무리를 이끌어 가시려는 가나안이었습니다.

지금 세계의 절반이 굶주리고 있다고 합니다. 그 원인은 떡이 부족해서가 아니라 사실상 사랑이 부족해서입니다. 다수가 기근에 처해 있다는 것을 알면서도 혼자 오천 명 분을 쌓아 놓고 있는 사람이 많기 때문입니다. 그러면 그런 부자는 정말 배부를까요? 그들이 밥과 함께 사랑을 먹지 못하는 한, 그들은 참 배부르지 못합니다. 아니 영적으로는 배고픕니다. 그래서 떡을 더 소유하려고 하는지 모릅니다.

모든 것을 떡만 풍족하면 되는 것으로 여기는 것은 매우 피상적인 생각입니다. 경제와 정치와 문화라는 밥 속에 사랑이 흘러야 그것을 먹는 사람들이 진정으로 배부를 수 있습니다. 그런 공동체는 떡과 부를 많이 가진 나라보다 더 건강하며, 더 오래 지속되며, 더 행복한 나라가 됩니다.

예수님께서 남은 것을 거두게 하셨는데, 열두 바구니가 되었습니다. 열두 바구니는 열두 지파를 상징합니다. 사마리아는 원래 한 형제였던 이스라엘의 분열과 미움의 상징이었습니다. 그들이 다시 사랑이 흐르는 밥상 공동체가 되는 것만이 로마를 이기는 길이고, 나아가 로마까지도 살리는 대안적 공동체가 되는 길입니다.

주님께서는 오병이어 기적을 통해 우리가 구해야 할 진정한 구원이 무엇인지 보여주셨습니다. 즉 이스라엘이 사랑이 흐르는 밥상 공동체가 되고 온 열방을 위한 오병이어가 되어, 세상을 참된 구원으로 배부르게 하는 것입니다. 이것은 지금의 그리스도인 공동체를 향한 주님의 기대이기도 합니다.

오병이어

주님께서는 오병이어 기적을 통해서 자신이 누구신지, 또 자신이 주시려는 구원이 무엇인지를 보여주셨습니다. 구원은 한 아이가 자기의 오병이어를 내어놓음으로 모두가 풍족하게 먹는 것입니다. 이런 사랑의 밥상 공동체가 온 세상이 추구해야 할 대안입니다. 한편 오병이어의 기적을 행하신 후에 주님께서는 이렇게 말씀하십니다.

"나는 생명의 떡이니라 … 나는 하늘에서 내려온 살아 있는 떡이니 사람이 이 떡을 먹으면 영생하리라 내가 줄 떡은 곧 세상의 생명을 위한 내 살이니라"요6:50-51

주님께서는 오병이어를 통한 밥상 공동체적 구원을 보여

주신 후에, 친히 자신을 생명의 떡, 즉 오병이어라고 말씀하십니다. 다시 말해 예수님께서는 자신을 인류를 먹이는 오병이어로 내어놓으셨고, 하나님께서는 그런 예수님을 오병이어로 삼아 구원의 기적을 베푸신 것입니다. 이렇듯 예수님께서는 만나의 기적을 베푸는 모세이시면서 동시에 친히 자신이 만나가 되어 주셨습니다. 그러므로 오병이어 기적은 참된 구원의 만나와 오병이어는 다름 아닌 십자가에서 죽으신 예수님이심을 보여줍니다.

사랑을 먹고 삽니다

우리가 사는 이 시대는 어느 때보다 오병이어 기적의 교훈을 깊이 새겨들어야 합니다. 맘몬이 신이 되어 버린 이 시대에, 사람은 떡이 아니라 사랑으로 참된 배부름에 이를 수 있다는 것을 다시 깨닫고, 진정한 행복과 구원에 대해 바르게 알아야 합니다. 물질의 풍요만으로는 구원을 가져오지 못합니다. 사랑의 결핍과 그로 인한 공동체의 파괴, 한 명이 오천 명 분을 독차지하는 것이 구조화된 신자유주의 체계 속에서는 점점 더 깊은 사랑의 결핍을 느끼게 될 것입니다.

사랑으로 참 배부른 그런 밥상 공동체가 되려면, 각 사람이 자기의 오병이어를 내놓아야 합니다. 우리의 삶 속에 사랑이 흘러야 합니다. 노블리스 오블리제를 실천해야 하고, 생산자도 인간의 얼굴을 가지고 사회적 공공성을 유지해야 하고, 소비자도 대기업들의 엄청난 폭리 뒤에 있는 제3세계 노동자들의 억울함과 희생의 눈물을 보는 눈을 가지고 착한 소비를 할 수 있어야 합니다. 가정에서도 자기가 먼저 사과하고 가족의 말을 잘 경청함으로써 자기를 오병이어로 내어놓고, 교회에서도 서로가 자신을 내어놓을 때, 비로소 그 속에서 구원이 현재형으로 경험될 수 있습니다.

예수님 당시의 들판과 같이 우리를 배고프게 하는 이 세상에서 참된 구원과 행복이 어디에 있는지, 우리는 무엇을 해야 하는지를 깊이 생각해야 합니다. 오병이어의 기적은 지금 이곳에서 일어나야 할 기적입니다. 그런데 이 기적은 한 소년의 오병이어를 통해서 시작되었듯이, 우리 한 사람의 작은 섬김과 나눔을 통해서 시작됩니다. 봄의 희망은 이런 사랑과 행복의 기적들이 일어나는 곳에서 탄생합니다. 가정과 교회와 일터에서 이런 기적이 일어나면 좋겠습니다.

은쟁반에 금사과

우리는 매년 새롭게 얻는 1년이라는 시간 속에서 계속해서 삶이라는 옷을 지어갑니다. 이때 가장 많이 사용되는 재료가 바로 '말'입니다. 우리가 매일 사용하는 말이 우리 삶의 한 해의 옷을 짜는 주된 원료입니다. 그래서 우리가 드려야 할 기도들이 많지만, 그중에 결코 빠질 수 없는 것이 바로 말에 대한 기도여야 합니다.

"여호와여 내 입에 파수꾼을 세우시고 내 입술의 문을 지키소서" 시141:3

사실과 진실

말은 그 내용과 전달 방식으로 나누어서 생각해 볼 수 있습니다. 말의 내용은 말하는 방식이라는 그릇에 담기지 않고서는 전달되지 않습니다. 어떤 것을 말하느냐와 어떻게 말하느냐는 분리할 수 없습니다.

먼저 말의 내용에 관해 생각해 봅시다. 말의 내용은 반드시 사실에 근거해야 합니다. 구약시대의 재판은 거의 증인의 증언에 의존했습니다. 증인의 증언에 따라 가해자가 피해자로, 피해자가 가해자로 둔갑할 수 있었습니다. 그래서 구약성경은 바른 증언을 매우 강조했습니다.

"신실한 증인은 거짓말을 아니하여도"잠14:5

"진실한 증인은 사람의 생명을 구원하여도"잠14:25

이 말씀들은 오늘 우리에게도 그대로 적용됩니다. 그 당시는 거짓 증언이 문제였다면, 요즘은 가짜 뉴스가 문제입니다. 사실이 아닌 것을 사실처럼 말하거나, 일부를 첨가하거나 삭제함으로 사실을 왜곡하게 되면, 그것 때문에 피해를 보거나 인격적 손상을 입는 이가 반드시 생깁니다. 이런 인격적 살인을 금하면서 성경은 "구부러진 말을 네 입에서 버리며 비뚤어진 말을 네 입술에서 멀리 하라"잠4:24고 가르칩니다.

이렇게 말의 내용은 사실이어야 하지만, 사실을 담고 있다고 무조건 바른말이 되지는 않습니다. 사실이란 눈에 드러난 사건의 한 부분인 경우가 대부분입니다. 진실은 사건의 앞뒤 상황을 충분히 고려하여 사건의 총체적 모습을 파악할 때 비로소 드러납니다. 사실은 육신의 눈을 통해 나타난다면, 진실은 이성과 마음의 눈을 통해서 밝혀집니다. 사건의 한 부분을 전체인 것처럼 말한다거나, 하나의 관점에서만 살펴본 내용을 절대적인 것처럼 고집한다면, 그것은 "지나친 말"잠17:7이 됩니다. 사실을 증거할 뿐 아니라 드러나지 않는 면까지 살펴보고 알게 된 진실을 말할 수 있다면, 그것은 "진실한 입술"잠12:19이 됩니다.

격려와 배려

이렇게 말의 내용은 사실이자 진실이어야 하는데, 그것은 언제나 말의 방식이라는 그릇에 담겨 전달됩니다. 말의 내용만 좋다고 되는 것이 아닙니다. 어떤 경우는 내용보다 방식이 더 중요합니다. 학자들은 "미디어는 메시지다", "메신저가 곧 메시지다"라고 말할 정도로 방식의 중요성을 강조합니다. 실제 말의 방식이 소통에서 10분의 9를 차지한다고 합니다.

시장이나 백화점의 점원들을 보더라도 그렇습니다. 구매자의 마음과 지갑을 열게 하려면, 말의 내용보다 말의 방식이 더 중요합니다. 화장품 브랜드 중에 〈꽃을 든 남자〉라는 것이 있습니다. 남자가 애인에게 전하려는 사랑의 내용이 한 손에 들린 꽃에 담긴다면, 말로만 하는 것보다 얼마나 더 효과적으로 전달될까요?

아이의 교육도 마찬가지입니다. 부모의 눈에는 열 가지 중에 제대로 맘에 드는 것이 없습니다. 이때 잘못하는 것 아홉 개를 책망하는 방식으로 말할 수도 있지만, 그나마 잘하는 것 한 가지를 칭찬하는 방식으로 말할 수도 있습니다. 부모의 말이 어떤 그릇에 담기느냐에 따라 잔소리가 되느냐 아니냐가 결정됩니다.

"슬기로운 자의 책망은 청종하는 귀에 금 고리와 정금 장식이니라" 잠25:12

이 말씀은 책망이 격려라는 그릇에 담길 때 듣는 자의 마음을 연다는 뜻입니다. 이런 말씀도 있습니다.

"이른 아침에 큰 소리로 자기 이웃을 축복하면 도리어 저주 같이 여기게 되리라"잠27:14

'좋은 아침입니다'라는 아침 인사는 서로를 향한 축복이지만, 곤히 잠자는 사람을 흔들어 깨우면서 그 말을 한다면 축복의 말이 저주같이 들릴 것입니다. 그만큼 말도 담는 그릇이 중요합니다.

말의 방식이 중요한데, 그중 침묵도 하나의 방식이 될 수 있습니다. 욥이 고난을 당할 때, 욥의 친구들이 찾아와 그에게 위로의 내용을 전하고자 했습니다. 그런데 그 위로의 내용을 훈계와 질책이란 그릇에 담아 전하려고 했습니다. 얼마나 적절하지 못한 태도인가요? 차라리 조용히 침묵하는 것이 더 좋았을 것입니다.

말의 방식에는 이외에도 표정, 어투, 손짓과 같은 비언어적 요소들도 있습니다. 다양한 말의 방식을 고려하면서도 그 핵심은 결국 듣는 자의 입장을 생각하는 것입니다. 즉 내가 말하는 것처럼 상대가 내게 말했다면 나는 어떻게 느낄

까를 생각하는 것입니다. 대화에 황금률을 적용해 보면 우리는 말의 내용을 담는 그릇이 어떠해야 하는지를 쉽게 알 수 있습니다.

관계를 세우는 말

사실과 진실이라는 말의 내용이 격려와 배려란 말의 그릇에 담겨 전달될 때 아름다운 소통이 일어납니다. 그런 말은 경우에 합당한 말이 되어 귀에 잘 들릴 뿐 아니라 마음에도 깊이 남습니다. 성경은 이런 아름다운 소통의 모습을 은쟁반에 담긴 금사과란 이미지를 가지고 우리의 마음에 각인시켜 줍니다.

"경우에 합당한 말은 아로새긴 은 쟁반에 금 사과니라"
잠25:11

금사과를 무늬가 조각된 은쟁반에 담아주는 장면은 상상만 해도 입가에 미소가 번집니다. 이렇게 경우에 합당한 말이 오고 가면 소통이 이루어질 뿐만 아니라, 그런 소통이 많으면 많을수록 관계가 더 좋아지고 깊어지게 됩니다.

그런 "선한 말은 꿀송이 같아서 마음에 달고 뼈에 양약"_잠16:24이 됩니다. 또 그런 말은 "때에 맞는 말"잠15:23이 되어 듣는 사람의 마음을 기쁘고 유쾌하게 할 뿐 아니라, "깊은 물과 같고", "솟구쳐 흐르는 내"잠18:4와 같아서 깊은 깨달음을 줍니다. 뿐만 아니라 이러한 "적당한 말로 대답함은 입맞춤" 잠24:26과 같아서 서로의 마음이 통하게 합니다. 은쟁반에 금 사과와 같은 말이 오고 가는 소통을 통해 마음이 시원하고 기쁘며 서로의 관계가 점점 더 좋아진다면 얼마나 복된 일 일까요?

사과와 용서

하지만 늘 그럴 수만은 없습니다. 말의 내용과 방식 중 하나에 늘 문제가 생기곤 합니다. 은쟁반에 담아주는 내용 이 금사과가 아닌 썩은 사과, 아니 독사과가 되는 경우도 있습니다. 이단들이 가짜 복음을 그럴듯한 속임수로 속여 전하는 것이나, 악한 상인들이 가짜 제품을 멋진 포장에 담아 파는 것이 그런 경우입니다. "여러 가지 고운 말로 유혹하며 입술의 호리는 말로 꾀"잠7:21는 경우가 생기면, 그다음에는 어떤 쟁반에 담아줘도 그 내용을 받지 않게 됩니다.

그 반대의 경우도 있습니다. 금사과와 같은 내용을 더러운 접시나 깨진 쟁반과 같은 표현 방식에 담을 수도 있습니다. 복음을 유치하거나 무례한 방식으로 전하면 복음이 제대로 전달될 수 없습니다. 아예 마음 문을 닫아 버립니다. 유머를 할 때도 상대를 '디스'하는 방식으로 하면 원래의 의도와 다른 결과가 발생합니다.

이처럼 소통의 내용이나 방식 중 하나에 문제가 생기면 관계에 틈이 생깁니다. 이 벌어진 틈을 그대로 두면 소통이 제대로 이루어질 수 없습니다. 형식적이고 의례적인 말만 불편한 마음으로 나눌 뿐입니다. 갈라진 틈은 점점 벌어지게 되므로 소통을 막는 틈은 가능한 빨리 메워야 합니다. 바울 사도는 이렇게 가르칩니다.

"거짓을 버리고 각각 그 이웃과 더불어 참된 것을 말하라 이는 우리가 서로 지체가 됨이라 분을 내어도 죄를 짓지 말며 해가 지도록 분을 품지 말고 마귀에게 틈을 주지 말라"엡4:25-27

서로의 관계에 틈이 생기는 것은 참된 것을 말하지 않기 때문입니다. 이렇게 생긴 틈을 그대로 두면, 마귀가 기다렸다는 듯이 그 틈을 노립니다. 그래서 분을 품지 말고 오히려 사과와 용서를 통해 해가 지기 전에 관계를 회복해야 합니다. 관계에 틈이 생겼다면 가능한 빨리 회복하려고 힘써야 합니다.

소통은 사실과 진실이라는 금사과 같은 말의 내용이 격려와 배려라는 은쟁반 같은 말의 방식에 담겨 전달될 때 일어납니다. 말의 내용이 주로 내 생각, 내 관점으로 이루어지고 있다면, 말의 내용을 올바른 사실과 온전한 진실의 금사과로 업그레이드해야 합니다. 말의 방식이 무뚝뚝하고 무표정하고 무덤덤하고 혹 무례했다면, 말의 방식을 격려와 배려의 은쟁반으로 업그레이드해야 합니다.

우리는 항상 많은 말들을 하며 살게 됩니다. 말의 작은 변화가 삶에 큰 변화를 가져올 것입니다. 언제 어디서나 은쟁반에 금사과를 담아 서로에게 건네줌으로 시원한 소통의 바람이 우리의 모든 관계 속에 불기를 바랍니다.

여름

짙은 녹색의 푸르고 푸른 여름을 오게 하려면

믿음의 자녀로 양육합시다

먼저 예배자가 되십시오

사랑, 삶, 살림

지금은 열심히 일할 때입니다

온전한 구원

유월절과 오순절,

버림과 붙듦,

나감과 들어옴,

비움과 채움,

십자가와 성령충만,

이런 순환이 일어나야 합니다.

이것은 몸의 원리요,

마음의 원리요,

신앙의 원리입니다.

짙은 녹색의 푸르고 푸른
여름을 오게 하려면

주변에 아픈 환자들이 많습니다. 매주 두세 차례 신장 투석을 받는 환자도 있고, 또 피 순환을 돕는 장치를 심장에 넣고 다니는 환자도 있고, 산소호흡기를 끼고 있는 중환자도 있습니다. 혈액 순환, 호흡 순환, 소화기 순환이 잘 안되면 몸이 아픕니다. 순환은 몸에서 곧 생명과도 같습니다.

때로 마음이 약해지고 매사가 불만스럽고, 삶이 힘들게 느껴질 때가 있습니다. 내 마음이 왜 그런지 모르겠다 싶습니다. 마음의 순환에 문제가 생긴 것입니다. 내보내야 할 것이 마음에서 나가지 않거나, 마음에 들어와야 할 것이 들어오지 않으면 마음이 아픕니다. 원망과 미움이 나가지 않고, 칭찬, 격려 같은 것들이 들어오지 않으면 마음에 병이 듭니다. 가정도 마찬가지입니다. 가족 간의 소통이 안되면 행복할 수가 없습니다. 순환의 문제가 핵심입니다.

유월절과 오순절

신앙생활도 마찬가지입니다. 주님에 대한 사랑이 식고, 성경에 대한 식욕이 떨어지고, 신앙이 형식적이 된 것 같은데, 그 이유를 모르겠다고 합니다. 하지만 조금만 생각해 보면 그 이유는 분명해집니다. 영적으로 탁한 공기, 영적 독소를 밖으로 내보내는 영혼의 배출구가 막혀 있기 때문입니다. 말씀의 신선한 공기와 영적 영양소가 들어오는 영혼의 유입구가 막혀 있기 때문입니다. 순환에 문제가 생기면 영혼도 영양실조에 걸립니다.

순환에 관한 이 평범한 진리는 구약 이스라엘의 역사 속에도 그대로 나타납니다. 하나님께서 구약 백성들 속에 언약 백성으로서의 삶을 가능케 하는 심장 및 허파와 같은 영적 순환 장치를 두셨습니다. 그것은 바로 유월절과 오순절입니다.

유월절은 출애굽을 기념하는 절기입니다. 그들은 유월절

을 지키면서 무엇을 떠나야 하며, 무엇으로부터 자유로워야 하는지를 생각했습니다. 과거의 출애굽을 기억하면서 그들의 영혼을 붙잡는 죄로부터 현재도 출애굽해야 함을 기억했습니다. 그러므로 유월절 제사는 그들 마음속의 애굽을 버리게 하는 일종의 영적 하수도였습니다.

출애굽한 지 세 번째 달에 시내산에 도착한 백성들은 그곳에서 율법을 받았습니다. 유대인들은 그날이 바로 오순절이었다고 계산합니다. 따라서 그들에게 오순절은 율법부여일이었습니다. 이런 오순절을 지키면서 그들은 시내산에서 받았던 하나님의 율법을 기억했습니다. 노예의 법이 아니라 자유인의 법을 받았던 그날을 생각하면서, 그들은 무엇을 위해 자유로워야 하는지를 생각했습니다. 오순절은 그들이 받아들여야 하는 하나님의 율법을 가슴 깊이 받아들이게 하는 일종의 영적 상수도였습니다.

마음의 애굽을 버리는 유월절, 하나님의 율법을 채우는 오순절, 이 두 절기는 그들의 삶을 가능케 하는 영적 순환 장치였습니다. 이 장치가 잘 돌아갈 때 그 나라가 융성했고, 그렇지 않을 때 패망했다는 이야기, 그것이 구약 이스라엘 백성들의 이야기입니다.

십자가와 성령

신약의 이야기도 순환이라는 모티브로 생각할 수 있습니다. 구약에 유월절과 오순절이 있었듯이, 신약 교회에도 동일한 절기가 있습니다. 그 성격 또한 더욱 분명해집니다. 이스라엘 백성들이 애굽이라는 제국의 지배 아래 있었듯이, 신약의 모든 사람들은 죄와 사망이라는 제국의 지배 아래 삽니다. '죄와 사망의 법 아래서' 모든 인간은 영적 애굽의 노예입니다. 누구도 스스로 그 애굽에서 벗어날 수 없습니다. 그런 우리를 위해 유월절 하나님의 어린양이신 예수님께서 죽으심으로써, 우리는 죄와 사망의 애굽에서 벗어나게 됩니다.

첫 유월절에 이스라엘 자손들이 양의 피를 문설주에 발라 재앙을 면하고 출애굽했듯이, 예수님의 보혈을 우리의 마음과 존재의 문설주에 바를 때 영적인 출애굽이 일어납니다. 그러기에 예수님의 십자가 사건은 신약의 유월절 출애굽 사건입니다. 유월절 십자가는 우리 안의 죄와 허물을 버리게 하는 은혜의 순환 장치입니다. 어떤 죄나 허물도 씻음을 받을 수 있습니다. 하나님께서는 벗어나야 할 것에서 벗어나고, 버려야 할 것을 버릴 수 있도록, 우리에게 유월절 십자가를 주셨습니다.

신약 교회에 주어진 것은 예수님의 십자가만이 아닙니다. 예수님께서 주신 약속도 있습니다. 곧 성령님에 관한 약속입니다. 유월절 십자가 사건 이후 50일째 되는 날, 약속대로 하늘로부터 성령님께서 오셨습니다. 구약시대 오순절에 율법이 주어졌다면, 신약시대 오순절에는 성령님께서 오셨습니다. 구약의 오순절에는 율법이 우리 밖에 주어졌다면, 신약의 오순절에는 율법이 우리 안에 주어졌습니다. 성령님께서 우리 안에 거하시게 된 것입니다. 그리고 그 성령님을 통해서 하늘에 속한 신령한 것이 우리 안으로 들어오고, 그 성령님을 통해서 예수님께서 이루신 크고 놀라운 은혜를 지금 여기서 누릴 수 있게 되었습니다.

유월절 십자가가 버려야 할 것을 버리게 하는 배출 장치라면, 오순절 성령님은 받아들여야 할 것을 받게 하는 하나님의 유입 장치입니다. 유월절 십자가는 무슨 죄라도 사하고, 오순절 성령님은 하나님께 속한 신령한 것을 알게 합니다. 하나님께서는 이렇게 우리에게 영적 순환 장치를 주셨습니다. 이런 장치가 잘 작동할 때 비로소 잘 자라고 성장하고 전진할 수 있습니다. 사도행전에 나타난 신약 성도들의 승리의 삶 뒤에는 이런 영적 순환 장치가 잘 돌아가는 건강한 영적 몸이 있었음을 잊지 말아야 합니다.

우리는 21세기를 살아갑니다. 시대가 많이 변했고, 지금도 너무나 많이 달라지고 있습니다. 하지만 원리는 바뀐 것이 없습니다. 이전이나 지금이나 몸과 마음속에 있는 순환장치들이 잘 돌아가야 건강하듯이 신앙생활도 그렇습니다. 내 삶에 유월절과 오순절이 매일 일어나야 합니다. 살면서 영혼에 묻은 죄의 먼지를 매일 씻어야 합니다.

"만일 우리가 우리 죄를 자백하면 그는 미쁘시고 의로우사 우리 죄를 사하시며 우리를 모든 불의에서 깨끗하게 하실 것이요"요일1:9

자백을 통해서 매일의 삶에 버려야 할 것은 버리는 영적 유월절이 있어야 합니다. 그리고 붙들어야 할 것을 붙들고, 채워야 할 것을 채워야 합니다.

"오직 성령의 충만을 받으라"엡5:18

매일 성령님을 주인으로 모시는 영적인 오순절을 지켜야 합니다.

비움과 채움

유월절과 오순절, 버림과 붙듦, 나감과 들어옴, 비움과
채움, 십자가와 성령충만, 이런 순환이 일어나야 합니다. 이
것은 몸의 원리요, 마음의 원리요, 신앙의 원리입니다. 두
손에 쥔 과자를 놓지 못해서 더 좋은 것을 받지 못하는 어린
아이처럼, 비워야 할 것을 비우지 못하면 채워야 할 것이 채
워지지 않습니다. 정말 채워야 할 것을 채우지 않으면 헛된
것들이 내 마음을 채웁니다. 그래서 결국 놓아 버려야 할 것
을 평생 붙잡고 살게 됩니다.

지금도 심장이 뛰고 있고 폐가 움직이고 있습니다. 몸이
순환의 중요성을 외치고 있습니다. 우리의 영적 순환 장치
도 잘 돌아가고 있는지 물어보십시오. 매일의 유월절을 통
해 나를 누르는 죄책의 애굽, 분노와 미움과 실망과 불안의
애굽에서 벗어나십시오. 십자가 앞에서 마음을 토하십시오.
그리고 성령의 충만을 구하십시오. 매일매일 성령님의 다스
리심을 요청하십시오. 성령님과 함께 말씀의 숲에 들어가,
그 숲이 발산하는 최고 순도의 신선한 공기를 가슴 속 깊이
호흡하십시오.

지금 어려워도 낙망치 마십시오. 지금 힘들어도 희망은

있습니다. 만약 영적 순환 장치가 돌아가기 시작한다면 영적 혈색이 돌아옵니다. 회복의 봄을 지나 풍성한 여름이 주어집니다. 건강한 영적 심장 박동 소리가 들리는지 확인해 보십시오. 매일 들숨과 날숨의 건강한 영적 숨소리가 들리는지 들어보십시오. 지금 이 녹색 짙은 여름 뒤에는 버리고 붙들고 비우고 채우는 생명의 선순환인 광합성이 계속 일어나고 있음을 잊지 마십시오. 우리의 삶에도 영적 심장이 뛰고 영적 호흡이 그치지 않고 영적 광합성이 계속된다면, 반드시 짙은 녹색의 푸르고 푸른 여름이 찾아올 것입니다.

믿음의 자녀로
양육합시다

리더십에는 성격 중심의 리더십과 성품 중심의 리더십이 있습니다. 성격 중심의 리더십은 리더가 되기 위해서 대중적 이미지, 처세술, 화술, 유머와 같이 드러나는 요소들을 잘 갖추어야 한다고 강조합니다. 많은 자기 계발서들이 바로 이런 외적 조건을 잘 배양하는 것에 초점을 두고 있습니다.

성품 중심 리더십

그러나 성품 중심의 리더십은 리더가 되려면 겉으로 잘 드러나지 않는 것들에 초점을 두어야 한다고 가르칩니다.

일에 대한 자부심, 당당함남과 비교하지 않고 소명을 따라 살아가는 것, 개방성경쟁 심리 대신에 풍요의 심리를 가지고 살아가는 것, 정직성꾸미지 않는 투명함, 인내와 같은 성품을 강조합니다. 왜냐하면 보이지 않는 삶의 뿌리에 해당하는 이런 성품이 그로 하여금 먼저 자기 자신을 다스리게 하고, 그 기초 위에서 남을 이끌어가는 참된 리더가 되게 하기 때문입니다. 자기 내면에서부터 밖으로 흘러나오는 리더십이라야 자신의 인생을 행복하게 살아갈 뿐 아니라, 타인에게도 선하고 지속적인 영향력을 깊게 행사합니다.

오늘날 필요한 것은 이러한 성품 리더십이지만, 오늘날의 교육은 이것을 가르쳐주지 못합니다. 교육과 가르침에 대한 바른 목표도, 합당한 방법도 모르는 것 같습니다. 엄청난 비용을 들여서 교육한다고 하지만, 실상은 너무나 소중하고 중요한 것을 가르쳐주지 못하면서 청소년과 청년의 시기를 낭비하게 하는 것 같습니다.

이와 관련해 성경은 이렇게 말합니다.

"마땅히 행할 길을 아이에게 가르치라 그리하면 늙어도 그것을 떠나지 아니하리라"잠22:6

"오직 주의 교양과 훈계로 양육하라"엡6:4

모두 내적 성품을 기르는 교육에 대한 강조입니다. 주의 교양과 훈계로 양육해서 성품에 기초한 리더십을 갖게 해야 자신의 삶을 창조적이고 감사하게 이끌어가는 셀프 리더십을 얻게 됩니다. 이런 셀프 리더십을 갖춘 사람이 가정을 행복하게 세워가는 가정 리더십을 갖게 되고, 세상에 선한 영향력을 미치는 변혁자로 살아가는 사회적 리더십을 행사할 수 있게 됩니다.

부모들은 자녀의 주인이 아니라 하나님의 자녀를 맡아 키우는 청지기입니다. 그래서 하나님의 자녀들을 왕의 자녀답게 키워야 합니다. 그렇게 하려면 내적 성품을 견고하게 하여 자신과 가정과 세상을 세우는 리더가 되도록 해야 합니다. 이것은 결코 쉬운 일이 아니지만, 그렇다고 포기할 수 없는 부모의 절대 부르심이며 특권입니다. 자, 그러면 어떻게 해야 할까요?

무엇을 가르쳐야 할까요?

무엇보다 하나님과의 관계 속에서 자기를 발견하도록 도와야 합니다. 사람은 사회적 거울이라는 것을 들고 다닙니다. 이 거울은 다른 사람들이 말하는 평가, 사회가 기대하는 요구와 기준들에 비추어 자신을 바라보게 만듭니다. 학벌이나 외모와 같은 사회적 거울에 비친 자기를 진짜 자기로 생각하게 하는 것입니다. 이 거울만 바라보며 살면 진정한 자아를 발견하지 못한 채 남의 시선과 기대에 따라 살아가게 됩니다. 학생들의 경우는 성적이란 거울 속에 나타난 자기를 보며 산다고 할 수 있습니다.

〈사교육 걱정없는 세상〉의 송인수 대표가 이런 이야기를 했습니다.

> 우리나라에서 한해 150~200명의 아이들이 입시로 인해 자살하는데, 40년 우리 교육의 역사 속에서 약 8,000명 정도의 아이들이 입시 고통으로 죽었습니다. 그런데 그 숫자는 70년대 베트남 전쟁에 참전해서 죽은 한국 군인 6,000명보다 더 많은 숫자입니다.

우리는 자녀가 다른 거울을 들여다보며 살게 도와야 합니다. 곧 하나님의 거울입니다. 그 거울에 비친 유일한 존재로서의 자기, 하나님의 사랑 안에 있는 자기, 하나님의 계획을 담고 성취해야 할 자기를 찾게 해야 합니다. 주님의 말씀이라는 하나님의 거울 속에서 진정한 자기 자신을 발견하게 될 때, 그가 자신과 가정과 세상을 이끌어가는 건강한 리더가 될 수 있습니다.

또한 공동체와의 관계 속에서 바른 자기를 발견하도록 해야 합니다. 우리가 살고 있는 이 병든 사회는 대다수의 사람들을 경쟁의식과 비교의식의 피해자로 살아가게 만듭니다. 타인은 하나님께서 주신 선물이 아니라, 내가 싸워 이겨야 할 대상으로 존재합니다. 남의 패배가 나의 성공이라고 생각하는 승패의 사고방식에 젖어 살아가는 사람은 스스로 행복할 수 없으며, 공동체를 건강하게 세울 수도 없습니다.

이런 말이 있습니다.

리더가 되기 전까지는 자기 자신이 성장하는 것이 핵심이지만, 리더가 되고 나면 다른 사람을 성장시키는 것이 핵심이다.

자기만 성공하는 것이 성공이 아니라, 남을 성공하게 하는 것이 진정으로 성공하는 것이라는 상생과 승승의 사고방식을 갖게 해야 합니다. 남을 섬겨 그들이 성공하도록 도와주는 삶이 진정으로 가치 있는 삶이라는 진리를 체득할 때,

보람을 갖고 행복하게 살 수 있습니다.

또한 세상과의 관계 속에서 진정으로 멋있는 삶이 무엇인지 알게 해야 합니다. 세상이 추구하는 인생은 주로 두 가지입니다. 안락하고 걱정할 것이 없는 편안한 인생, 그리고 자신의 성취만을 이루는 유능한 인생입니다. 하지만 이는 둘 다 궁극적으로 자기만 위하는 이기적 삶의 모습입니다. 남에게 미치는 영향력에 대해서는 관심이 없습니다.

반면 성경은 우리에게 편안한 삶이나 유능한 삶을 넘어선 비전을 보여줍니다. 그것은 남을 축복하는 삶입니다. 하나님께서는 아브라함을 '축복의 통로'창12:2가 되게 하셨습니다. 편안한 삶, 자기 성취만을 목표로 삼는 유능한 삶이 아니라, 세상에 영향을 미치는 위대한 삶의 꿈이야말로 왕의 자녀로서의 품격에 합당한 삶입니다. 왕의 자녀들을 닭이 아니라 독수리로 기를 수 있어야 합니다.

이런 이야기는 오늘날 너무나 힘든 교육 현실과는 동떨어진 이상적인 말로만 들립니다. 그렇다고 현실 앞에서 포기해야 할까요? 주의 교양과 훈계로 가르치는 것 외에는 답이 없고, 또 이것을 가르칠 곳은 가정과 교회 밖에 없습니다. 그러므로 세상이 힘들수록 더욱더 기도와 사랑으로 주의 교양과 훈계를 가르쳐야 합니다.

힘든 교육 현실 속에서 부모와 교회가 함께 영적 파트너가 되어 자녀를 제자화하는 꿈을 꾼다면, 부모가 영적으로 더욱 무장되어 하나님께서 맡기신 선물인 자녀에 대한 청지기로서 더 간절하게 기도한다면, 그들을 왕의 자녀로 자라도록 더욱 섬기고 노력한다면, 우리에게는 분명히 밝은 희망과 내일이 있을 것입니다.

모든 그리스도인 가정과 교회에서 자라나는 자녀들은 왕의 자녀답게 자라야 할 권리와 의무가 있습니다. 세상의 아들딸로 자라서는 결코 안 됩니다. 이것은 우리가 결코 포기할 수 없는 너무나 소중한 절대적 과제입니다. 믿음으로 도전하고 또 도전해야 합니다. 주의 교양과 훈계로 가르친다면 그 속에 반드시 길이 있습니다.

푸르른 여름의 계절에 모든 믿음의 가정의 자녀들이 푸르른 나무처럼 자랄 수 있기를, 하늘의 독수리처럼 비상할 수 있기를 바랍니다.

66 하나님과의 관계를

어떻게 유지할까,

어떻게 예배를

소중하게 지킬까,

이것이 우리의 중요한 과제가

되어야 합니다.

하나님과의 관계가 깨뜨려지면

삶의 다른 부분들이

도미노처럼 무너지게

되어 있기 때문입니다. 99

먼저
예배자가 되십시오

    에덴동산은 너무나 아름답고 풍요로운 곳이었습니다. 수많은 창조의 선물들로 가득 찬 이곳은 실로 아름다운 하나님의 동산이었습니다. 동산의 모든 것을 선물로 누리며 살던 아담은 그 이상을 상상할 수 없을 정도의 행복한 나날을 보내었습니다. 만약 그가 하나님께서 그를 위해 계획하신 미래까지 알았다면 매일매일은 신나는 흥분이었을 것입니다.

    그런데 이 동산에 한 유혹자가 등장하여 이런 질문을 던집니다. "하나님께서 다 허락하셨는데 왜 하필 선악과만은 허락하지 않으셨을까?" 사실 아담에게 허락된 수천 수만의 나무를 생각할 때, 금지된 그 한 나무는 아무것도 아니었습니다. 금지된 나무가 하나가 아니라 수백 그루였다고 한들,

그의 삶은 부족함이 전혀 없을 만큼 많은 것들이 선물로 주어져 있었습니다. 그러나 유혹자의 이 질문은 아담으로 하여금 허락된 수많은 것들을 하찮은 것으로, 반면 금지된 하나를 가장 중요한 것으로 여기게 만들었습니다. 수많은 것을 허락하신 하나님의 은혜는 지극히 당연한 것으로 여기면서, 한 가지를 금한 하나님의 명령은 너무 엄하고 지나치다는 생각이 들기 시작했습니다.

때를 기다렸던 유혹자는 이 금지 속에 숨은 의도가 있다고 속삭이기 시작했습니다. 인간은 하나님께서 자신들을 향해 좋은 뜻을 갖고 계시다고 생각하지만, 사실은 그렇지 않다고 말합니다.

"너희를 하나님의 형상으로 창조했다고 했지. 사실은 그 반대야. 그 열매를 먹으면 너희들이 하나님처럼 될 것을 알기 때문에 먹지 못하도록 금지한 거야. 그러지 않으면 왜 금지했겠어? 그러니 이것을 먹어야 하나님처럼 되는 거야."

에덴동산에 불쑥 찾아 든 유혹자가 노리는 것이 있었습니다. 유혹자의 소매 속에 숨겨진 칼끝은 어떤 한 지점을 향하고 있었습니다. 그것은 하나님의 형상으로 창조된 인간

삶의 심장부인 '하나님과의 관계'였습니다.

우리는 매우 분주하게 살아갑니다. 해야 할 일도 많고 하고 싶은 일도 많습니다. 그런데 에덴동산에서 그랬던 것처럼, 우리의 삶에도 불쑥 사탄이 등장해서 틈을 노립니다. 그리고 각양의 방법으로 접근하면서 무엇 하나를 무너뜨리곤 합니다. 그것은 에덴동산에서 아담과 하와에게 노렸던 것과 동일한 것입니다. 지금도 사탄은 우는 사자처럼 다니면서 바로 이 지점을 집중적으로 노리고 있습니다. 곧 '하나님과의 관계!'입니다.

인간의 급소

사탄은 태초부터 지금까지 인간에게서 오직 이 한 지점만을 노리고 있음을 기억하십시오. 이렇게 하는 이유가 무엇일까요? 그것은 하나님과의 관계가 인간의 급소임을 알고 있기 때문입니다. 권투를 생각해 보십시오. 급소만 방어하면 웬만한 공격은 다 견디지만, 급소가 노출되어 타격을 받으면 아무리 강한 선수라도 힘없이 쓰러지고 맙니다. 특히 예배는 이 땅에서 우리가 하나님과의 관계에만 집중하도록 구별된 시간과 공간이라는 점에서 사탄이 항상 노리고 있는 급소라고 할 수 있습니다.

인간이 아무리 대단하다고 자랑해도, 예배라는 전선줄이 끊어지면 하늘의 발전소로부터 은혜와 은총을 받지 못하여, 삶은 여지없이 어둠의 지배를 받게 됩니다. 이것을 알기에 사탄은 하나님과의 관계를 공격하고, 우리의 예배를 방해합니다. 예배를 정성으로 드리지 못하도록 방해하고, 드려도 잘못된 우상을 예배하게 하거나 예배로부터 일상을 단절시키려 합니다.

그러므로 우리는 무엇보다 삶에서 바로 이 부분을 가장 소중히 지키고 방어해야 합니다. 하나님과의 관계를 어떻게 유지할까, 어떻게 예배를 소중하게 지킬까, 이것이 우리의 중요한 과제가 되어야 합니다. 하나님과의 관계가 깨뜨려지면 삶의 다른 부분들이 도미노처럼 무너지게 되어 있기 때문입니다.

우리는 이 세상 어느 한 곳에서 삶의 터를 잡고 삽니다. 때로 세상에 취해서 살고, 때로 힘들고 어려워하며 삽니다. 믿음의 조상들도 그랬습니다. 그런데 그들이 어떻게 했나요? 그들은 삶의 자리에서 제단을 쌓았습니다. 그곳에서 하나님의 이름을 불렀습니다. 아담은 에덴에서 예배를 잃어버

렸지만, 믿음의 조상들은 세속의 땅에서도 젖과 꿀이 흐르
는 새로운 에덴을 회복하였습니다.

맺힌 매듭을 풀려면

오늘도 피곤하고 힘든 삶을 살고 계시나요? 삶의 실마리
를 어디서부터 풀어야 할지 몰라 방황하고 계시나요? 무엇
을 어떻게 해야 할지 몰라 주저앉아 있나요? 우리는 이 모든
짐을 짊어지고 살아가고 있지만, 동시에 그곳에서 예배자로
존재하고 있다는 것을 기억하십시오. 고민의 자리도 슬픔의
자리도 상관없습니다. 그곳은 하나님을 만나야 할 자리입니
다. 그곳에서 예배하고 하나님의 이름을 불러 보십시오.

내가 서 있는 형편이 어떠하든지 그 자리에서 예배자로
서면, 그 삶의 자리는 제단으로 바뀌고 삶을 다르게 보는 관
점을 얻습니다. 우리 예배의 대상이신 하나님께서 전 우주
의 창조주이시며 주인이심을 이해하게 될 때, 지금의 여러
가지 문제와 실망스러운 일들이 절망스럽게 보이지 않게
됩니다. 왜냐하면 하나님께서 주권자이시기에 그 하나님께
서 우리의 상황을 다르게 만들어가실 수 있음을 믿기 때문

입니다.

어렵고 힘든 시대입니다. 그럴수록 예배를 붙드십시오. 예배를 통해서 흘러 들어오는 하나님의 은혜와 회복의 물결을 기대하십시오. 내가 서 있는 이 자리는 생활의 자리이면서 동시에 예배의 자리입니다. 나는 이곳에 한 생활인으로 있지만, 동시에 예배자로 있다고 생각하십시오. 가정에서 가장이면서 제사장으로, 직장에서 회사원이면서 제단을 쌓는 자로 있다고 생각하십시오. 가장 소중히 여겨야 할 것은 모두가 먼저 예배자가 되는 것입니다.

에덴동산에서도 그렇고 이곳 현실에서도 마찬가지입니다. 예배는 삶에 하나님의 축복이 들어오는 통로입니다. 하나님께서는 참된 예배자를 찾고 계십니다. 예배를 붙들면 그 예배가 삶을 붙든다는 것을 결코 잊지 마십시오. 삶에서 예배를 붙드십시오.

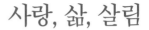

사랑, 삶, 살림

"거룩하신 아버지여 내게 주신 아버지의 이름으로 그들을
보전하사 우리와 같이 그들도 하나가 되게 하옵소서"요17:11

예수님께서 십자가를 지시기 전에 우리를 위해 아버지께
올리신 기도입니다. 여기서 "우리"는 '성부, 성자, 성령님'을,
"그들"은 당시의 제자들과 지금의 우리들을 의미합니다. 예
수님께서는 이렇게 모든 제자들도 하나님처럼 하나가 되게
해달라고 기도하시는데, 이때 하나님에 대해 "우리"라는 복
수형과 "하나"라는 단수형을 함께 사용하고 계심을 주목할
필요가 있습니다. 인간의 논리 체계로는 이해하기 힘들지
만, 하나님께서는 복수로 존재하시면서 동시에 단수로 계십

니다. 이를 두고 '삼위일체'라고 합니다.

그러므로 예수님의 이 기도는 하나님께서 성부, 성자, 성령, 세 위들로 계시지만 동시에 일체이신 것처럼, 예수님의 제자들인 우리도 각각 개인으로 다양하게 존재하지만 동시에 하나가 되게 해달라는 기도입니다. 예수님께서 이렇게 기도하신 이유는 그것이 인간이 창조된 하나님 형상의 모습이기 때문입니다. 또한 우리가 그렇게 삼위일체 하나님의 모습을 회복할 때 참 삶이 있기 때문입니다.

삼위일체 하나님과 사랑

삼위일체 자체는 인간의 이해를 넘어서는 신비이지만, 삼위일체 하나님을 닮게 해달라는 기도 속에 담긴 메시지는 매우 분명합니다. 성경은 "사랑은 하나님에게 속한 것"요일4:7이며, "하나님은 사랑"요일4:8이시라고 증거합니다. 삼위일체로 존재하시는 하나님의 모습은 사랑이신 하나님의 본질과 결코 분리될 수 없습니다. 각각 구분되면서도 완전한 하나로 존재하는 삼위일체가 곧 사랑의 원형적 모습이기 때문입니다. 그래서 하나님께서는 그 본질이 사랑이시며, 그 사랑은 무궁하고 영원합니다.

삼위의 일체를 이루어내는 이런 하나님의 무한히 충만한 내적 사랑은 밖으로도 표출됩니다. 그렇게 밖으로 표출된 하나님의 사랑의 행동들 중 하나가 세계 창조입니다. 온 우주의 창조는 하나님의 사랑이 자연스레 밖으로 드러난 것입니다. 따라서 우주의 질서와 조화에는 하나님의 사랑이 가득합니다. 그런데 그분의 풍성한 사랑이 창조보다 더 분명하게 밖으로 표현된 것이 있으니, 곧 십자가입니다.

> "하나님의 사랑이 우리에게 이렇게 나타난 바 되었으니 하나님이 자기의 독생자를 세상에 보내심은 그로 말미암아 우리를 살리려 하심이라" 요일4:9

하나님의 사랑은 십자가의 깊은 고통 속에서 역설적으로 가장 밝게 빛납니다. 하나님께서 십자가 사건을 감당하실 수 있었던 것은 삼위 하나님의 내적 사랑의 힘이었고, 우리를 향한 그 사랑의 능력이었습니다. 예수님께서는 우리도 하나님의 그런 사랑을 받아서 사랑의 삶을 살아내도록 기도하셨습니다.

삶은 사랑을 배우는 것

제자들의 하나됨을 구하시는 예수님의 기도는 우리가 무엇을 삶의 목적으로 삼아야 할지를 알려줍니다. 사람들은 재산, 지위, 성공, 자기만족과 같은 것들을 목적으로 추구하며 삽니다. 그러나 삶의 궁극적 목적은 사랑이어야 합니다. 우리는 모두 삼위일체이신 사랑의 하나님을 닮은 존재로 창조되었기 때문입니다.

만약 사랑을 배우지 못한다면, 아무리 사회적 기준으로 성공했다고 해도 그것은 참 성공이 아닙니다. 그 무엇을 했다고 해도 사랑에 성공하지 못한다면, 결국 아무것도 하지 않은 것이나 마찬가지입니다. 사람이 천사의 말을 할지라도, 사랑이 없으면 아무것도 아니며 오직 사랑만이 영원합니다고전13:8. 사랑을 배우는 것이 창조 목적을 회복하는 것입니다. 삶은 사랑을 배우는 것입니다.

그러면 어떻게 사랑을 배우고 키워갈 수 있을까요? 사랑을 배우는 것은 사실 매우 어렵습니다. 하지만 사랑을 배우기 위해서 반드시 필요한 것이 있습니다. 이것을 잃어버렸기에 우리가 사랑을 배우지 못하는 것입니다. 그것은 바로 공동체입니다.

사랑을 위해서는 반드시 사랑하는 주체와 사랑을 받는 대상이 필요합니다. 홀로 있으면서 사랑을 배울 수는 없습니다. 그래서 하나님께서는 우리를 가정과 교회와 사회라는 각양의 공동체에 속하게 하셨습니다. 이 공동체들은 우리가 사랑을 배우는 학교입니다.

삼위의 사랑, 일체의 사랑

공동체를 통해 삼위일체 하나님의 사랑을 배우려면, 우리는 먼저 '삼위의 사랑'의 원리를 알아야 합니다. 삼위의 사랑의 원리는 먼저 각 위位, preson를 존중하고 각 위가 가진 차이를 인정하는 것을 말합니다. 성부, 성자, 성령 하나님께서는 각각의 위로서 존재하십니다. 상대방을 정복하고 군림하여 상대방을 자신에게로 흡수하시거나, 자신을 포기하고 상대방에게 종속되시지 않습니다. 우리도 공동체 안의 다양한 사람들이 서로의 삶을 살 수 있도록 그 독립성을 존중하고 섬겨야 합니다.

'나 아我' 자는 '손 수手'와 '창 과戈'가 합해진 글자입니다. '나 아我'는 맹수가 날카로운 발톱으로 자기를 지키듯, '손에 창을

들고 있는 모습'을 하고 있습니다. 이 한자의 모습처럼 각각
의 자아들은 손에 창을 들고 지냅니다. 옛날에는 보이는 창
을 들고 다녔다면, 현대에는 그 창이 보이지 않을 뿐입니다.
여전히 상대는 이겨야 할 경쟁 대상으로 존재하고 나의 말
과 행동과 권력과 직위는 그를 이기기 위한 창이 됩니다.

하지만 이렇게 서로 손에 창을 쥐고 있는 모습은 하나님
께서 창조하신 인간의 진정한 모습이 아닙니다. 하나님께서
는 인간들 서로가 존중하며 '나는 나답고 너는 너답게' 꽃으
로 피어 나는 모습을 원하십니다. 이처럼 서로 저마다 저답
게 살도록 밀어주고 축복해 주면서 다양성의 아름다움을 이
루어가는 것이 곧 '삼위의 사랑'입니다.

삼위일체 사랑의 두 번째 원리는 이런 다양함이 하나가
되는 '일체의 사랑'입니다. 둘이 서로의 손에 창을 들고 있으
면 하나가 될 수 없다는 것은 당연합니다. 하지만 그 창을
내려놓더라도 서로가 고립되어 있으면 둘 사이에는 아무 일
도 일어나지 않습니다. 반면에 완전히 독립적인 두 존재가
온전한 하나를 이루면 놀라운 일이 벌어집니다.

물질적인 육체와 영적인 정신이라는 서로 다른 두 존재
가 사랑으로 손을 맞잡으면 둘은 높은 차원의 인간 생명을
만들게 됩니다. 남녀가 서로 다르지만, 이 둘이 서로의 손

에 꽃을 들고 만나 사랑하게 되면, 둘 사이에는 생명이 태어나고 가족이 이루어집니다. 둘이 하나가 된다는 것은 단순히 하나에 하나를 더하는 것이 아니라, 둘 사이에 사랑으로 인한 놀라운 화학적 변화가 일어나서, 그 결과 더 높은 어떤 하나를 이루는 것입니다.

사랑의 공동체란 이런 신비를 그 속에 가지고 있습니다. 우리의 신비로운 몸도, 각각의 장기가 한편으로는 자기만의 역할을 감당하면서 동시에 서로가 사랑으로 하나가 되어 놀라운 생명력을 발휘합니다. 예수님께서는 우리도 서로 다른 지체로 만나서, 단순한 수적인 집합을 넘어 온전히 하나가 되는 사랑이 무엇인지를 경험하기 원하셨습니다. 삼위가 사랑으로 일체가 되는 그런 사랑을 배울 때, 우리는 비로소 창조의 하나님의 형상을 온전히 회복하게 됩니다. 예수님께서는 우리 제자들이 바로 이 사랑을 배우고 또 세상에 보여주는 개인과 공동체가 되도록 기도하셨습니다.

살림살이 공동체

우리말에 '삶'과 '살림'이라는 명사들이 있습니다. '삶'은

'살다'라는 자동사에서 나온 명사요, '살림'은 '살리다'라는 타동사에서 나온 명사입니다. '삶'은 내가 산다는 말이고, '살림'은 남을 살린다는 말입니다. '삶'을 산다는 것은 남과 비교하지 않고 자기다운 모습으로 산다는 뜻이고, '살림'을 산다는 것은 서로가 서로를 살게 도와줌으로써 하나를 이루며 공동체적으로 산다는 뜻입니다.

그런데 개인이 사는 '삶'과 타인을 살리는 '살림'은 서로 분리되지 않습니다. 이어령 교수는 한국어에 있는 '살림살이'라는 단어를 재미있게 분석합니다. 이 단어는 '살리다'라는 동사의 명사형인 '살림'을 쓰면서 한 번만 쓰지 않고, 그 뒤에 '살다'라는 말을 한 번 더 포개어 쓴 것입니다. 다시 말해 '살림살이'란 한 단어 속에 '살림'과 '살이[삶]'이라는 두 단어가 하나로 합쳐져 있는 것입니다.

따라서 산다는 것은 곧 남을 살리는 것이고, 남을 살릴 때 내가 참으로 산다는 의미가 되겠습니다. 이런 삶 속에서 각자를 인정하는 삼위의 사랑과 서로가 하나 되는 일체의 사랑이 만납니다. 예수님께서도 우리가 자기도 살고 남도 살리는 '살림살이' 공동체를 이루도록 기도하셨습니다.

삶과 살림이 통합되는 살림살이 공동체 중에서 가장 중요한 것은 무엇보다 가정입니다. 가정은 살고 살리는 사랑을 배우는 학교입니다. 그리고 영적 가족인 교회 또한 살림살이 공동체여야 합니다. "이제부터 여러분은 … 하나님의 가족"엡2:19이라고 바울 사도가 말했습니다. 신앙생활은 본질상 혼자서 할 수 있는 것이 아닙니다. 영적 가족의 맥락을 떠난 사랑은 추상적이고 관념적인 개념일 뿐입니다. 그래서 하나님께서는 우리를 혼자 두지 않으시고, 영적 가족 공동체 안에 두시고 사랑을 배우게 하셨습니다.

이 땅의 모든 믿음의 가정들과 교회가 보여줘야 할 것이 있습니다. 그것은 부유함이나 건물이나 숫자가 아닙니다. 삼위일체 하나님을 닮은 사랑입니다. "우리와 같이 그들도 하나가 되게 하옵소서"요17:11라는 예수님의 기도가 현실 속에서 이루어지는 것을 우리가 세상에 보여주어야 합니다.

뜨거운 여름입니다. 여름의 푸른 숲처럼 강력하고 풍성한 사랑을 이 세상에 보여주는 것이 무엇보다 필요한 때입니다.

그 이유는 매년 절기를 통해서

과거의 역사 속에 담긴

소중한 영적 의미를

기억하도록 하기 위함입니다.

그 과거가 현재의 삶에

활력을 주고

민족의 앞날에

소망을 선사하기 때문입니다.

지금은 열심히
일할 때입니다

　새해가 시작된 지 며칠 지나지도 않은 것 같은데, 벌써 여름입니다. 우리가 느끼는 시간의 흐름이 어떠하든지, 우리 나라에서 계절은 일 년에 네 번, 때가 되면 정확하게 바뀝니다. 그렇게 계절이 바뀔 때마다 각 계절을 통해서 인생의 사계절을 생각하고, 각 계절이 지닌 의미를 매번 기억하면서 산다면, 우리는 삶을 헛되이 보내지 않을 수 있을 것입니다.

　국가기념일도 마찬가지입니다. 삼일절, 제헌절, 광복절, 개천절과 같은 날의 의미를 온 국민이 매년 기억하고 마음에 새길 수만 있다면, 조국의 내일은 밝을 것입니다. 나라의 소중한 역사들이 담고 있는 공동체적 의미들이 국민들의 현재 속에서 살아 움직일 때 지난 역사는 조국의 미래를 여는 원동력이 되기 때문입니다.

이런 원리는 신앙생활에서도 마찬가지입니다. 구약을 보면 하나님께서 이스라엘 백성들에게 매년 세 가지 절기를 지키도록 명령하십니다출23:14-17; 신16:1-17. 그 이유는 매년 절기를 통해서 과거의 역사 속에 담긴 소중한 영적 의미를 기억하도록 하기 위함입니다. 그 과거가 현재의 삶에 활력을 주고 민족의 앞날에 소망을 선사하기 때문입니다.

구약시대에 지켜야 할 중요한 절기 중의 하나는 유월절이었습니다. 이 절기는 어린양의 피를 통해 애굽을 탈출하게 되었던 해방의 역사를 기억하게 하는 것이었습니다. 그런데 그 역사를 단지 머리로만 생각하지 않고 오감을 통해서 느끼고 체험하도록 하기 위해서, 이 기간 중 7일 동안 누룩이 없는 빵을 먹었습니다. 그래서 무교절이라고 부르기도 했습니다.

또 하나는 맥추절이었습니다. 이 절기는 밀 수확을 축하하는 날이었기에 맥추절이라 불렀고, 일 년 농사의 첫 열매를 드린다고 해서 초실절이라고 부르기도 했습니다. 그런가 하면 유월절 이후 7주 만에 행한 축일이라고 해서 칠칠절, 또 50일만에 가진 축일이라고 해서 오순절이라고 칭하기도 했습니다. 그런데 유대인들은 바로 이때를 모세가 시내산으로부터 율법을 받은 날로 기억하고 있습니다. 그런 의미에서 유월절은 이스라엘 민족이 탄생한 날, 칠칠절맥추절은 이스라엘의 종교가 탄생한 날이 되는 셈입니다.

셋째는 수장절이었습니다. 이 절기는 가을의 모든 농작물을 수확하여 창고에 들이게 된 것을 감사하는 날이었습니다. 원래 수장절은 맥추절과 같이 농업 절기였지만 동시에 영적으로도 해석되어서, 애굽을 탈출할 때 임시로 장막에 거하며 하나님과 동행했던 것을 기억하게 해준다는 의미로 초막절, 장막절이라 불리기도 했습니다. 그런가 하면 이 절기의 첫째 날에 나팔을 불었다고 해서 나팔절이라고도 불렀습니다. 이는 추수 때 충실한 알곡을 모으듯이 나팔을 불어 하나님께서 신실한 자기 백성들을 불러 모으시는 것을 의미했습니다.

한편 이스라엘 백성이 매년 반복해서 지킨 구약의 절기는 단순히 과거의 구원 사건을 기억하는 것을 넘어 미래의 구원 사역에 대한 그림을 담고 있습니다. 실제로 구약의 절기가 신약에서는 보다 완성된 모습으로 다시 반복됩니다. 구약의 절기가 신약의 사건과 매우 의미있게 일치하는 것을 볼 때 우리는 하나님의 일하심이 태초부터 이미 계획되었고, 역사 속에서 지금도 계속 진행되고 있음을 깨달을 수 있습니다.

유월절을 보십시오. 십자가는 어린양 예수님의 거룩한 피가 뿌려진, 죄인된 우리 존재의 문설주입니다. 하나님 아들의 죽음을 통해 이루어진 영적인 출애굽 사건 속에서 우리는 유월절의 원형적 모습을 봅니다. 또 죽음의 사자를 이긴 부활 사건에서 그 완성된 모습을 봅니다. 그리고 성만찬을 통해서 이 영적 유월절을 매번 기념합니다.

오순절은 예수님의 십자가와 부활 사건 이후 50일 만에 성령께서 강림하신 사건에서 또 한 번 반복됩니다. 한 알의 밀알이신 예수님을 통해서 30배, 60배, 100배의 제자들이 생기는 첫 결실의 사건이 초대교회에서 일어났습니다. 이 사건은 구약 맥추절의 진정한 의미가 신약에서 재현된 것이라고 할 수 있습니다.

구약의 수장절은 신약시대에 복음 전파를 통하여 믿게 된 영적 알곡들을 교회로 불러 모으는 영적 추수 사건에서 반복됩니다. 지금 세계 곳곳에서 하나님을 믿는 사람들이 생기는데, 이는 수장절이 크고 작은 형태로 반복되어 일어나는 것이라 할 수 있습니다. 언젠가 하나님 나라의 복음이 온 세상에 다 전파될 때, 이 절기는 완성에 이르게 될 것입니다.

초막절은 우리가 여전히 광야와 같은 이 세상을 살아가면서도 맛보게 되는 하나님 나라의 현실 안에서 계속되고 있습니다. 그러나 궁극적으로 우리가 주님께서 예비하신 영원한 장막, 즉 부활의 몸을 덧입게 될 때 완성될 것입니다.

지금도 사람들이 예수님을 영접할 때마다 하나님께서 그들을 그분의 자녀로 부르십니다. 이런 회심의 사건 속에서 나팔절은 계속 반복해 일어나지만, 이 절기의 최종적인 영광스러운 모습은 예수님의 재림을 알리는 나팔 소리가 울려 퍼질 때 온전하게 나타날 것입니다.

맥추절을 보내고 수장절을 맞이할 때까지 이스라엘 백성은 그동안 추수를 위해서 가장 바쁘게 일했습니다. 우리는 지금 그 맥추절오순절과 수장절나팔절 사이의 시간을 살고 있다고 할 수 있습니다. 이 사이의 시기를 살고 있는 우리에게 주님께서는 희어져 추수할 곡식을 보라고 하시면서 일꾼을 부르셨습니다.

"때가 아직 낮이매 나를 보내신 이의 일을 우리가 하여야 하리라 밤이 오니 그때는 아무도 일할 수 없느니라"
요9:4

이제 여름입니다. 여름은 놀 때가 아니라 열심히 땀을 흘리고 일해야 할 '낮'의 때입니다. 추수할 곡식이 많습니다. 지금 우리가 어떤 시기를 살고 있는지 기억하십시오. 희어져 추수할 곡식이 많은 선교의 현장, 곧 삶의 현장으로 가십시오. 그리고 풍성한 영적 추수를 위해서 땀을 흘리십시오. 수장절과 초막절과 나팔절이 완성된 형태로 올 때가 가까웠습니다. 그 영광스러운 추수의 때를 기다리는 사람으로서 여름보다 더 뜨겁게 살아가십시오.

온전한 구원

구원이란 무엇일까요? 죽은 후 천국에 가는 것일까요? 이 땅에서 복을 많이 받는 것일까요? 영혼과 범사가 잘되고 몸이 건강한 것일까요? 과연 성경이 증거하는 구원은 무엇일까요? 이 질문이 중요한 것은 구원이 무엇인지를 아는 만큼 신앙의 세계가 열리기 때문입니다. 구원을 칭의, 성화, 영화와 같은 추상적인 개념으로 설명할 수도 있지만, 이야기를 통해 설명할 때 구원을 좀 더 쉽게 이해할 수 있습니다.

성경은 구원을 한 편의 이야기로 설명하는데, 그 이야기는 성경에 나오는 여러 이야기의 원형이 되는 출애굽 이야기입니다. 이 이야기는 세 가지 핵심 사건으로 이루어져 있습니다. 그것은 곧 홍해를 건너는 애굽 탈출 이야기, 시내산의 율법 수여와 언약 체결 이야기, 광야에서의 성막 건축 이야기입니다. 이 이야기들은 우리에게 구원이 무엇인지 생동감 있게 보여줍니다. 신앙을 아는 만큼 이 이야기들이 이해되고, 이 이야기들을 아는 만큼 신앙세계가 열립니다.

홍해 이야기

첫 번째 이야기는 출애굽과 홍해 도하의 이야기입니다. 애굽은 역사에 존재했다가 사라진 고대의 제국이었지만, 성경 속에서 이 나라는 반신적, 반생명적, 반창조적 상징으로 남아 있습니다. 애굽은 삶을 '살림'이 아니라 '죽임'이 되게 하는 모든 억압의 모형입니다.

우리 사회에 존재하는 인간 속 하나님의 형상을 왜곡시키는 온갖 거짓들, 사람의 인권과 존엄성을 앗아가는 정치적·사회적 불의한 구조 등은 우리 속에 존재하는 외적 애굽입니다. 그리고 사람 속의 뿌리 깊은 죄책과 미움, 거대한 피라미드 속에 담긴 죽음에 대한 두려움, 고집, 질투심 등은 내면의 애굽입니다. 모든 인간은 이러한 외적, 내적 애굽에 의해 묶여 있습니다. 사람들이 다양한 곳에서 살고 있는 것

같지만, 영적으로 보면 모두 애굽이란 한 나라의 노예로 살고 있습니다.

구원은 바로 이러한 애굽에서 벗어나는 것입니다. 곧 모세가 애굽의 노예를 출애굽시켜 홍해를 건너게 했던 것처럼, 진정한 모세이신 예수 그리스도께서 영적 애굽에서 노예로 살고 있던 사람들을 출애굽시키시고 십자가란 홍해를 건너게 하심으로써 자유를 얻게 하시는 것이 구원입니다.

시내산 이야기

구원의 이야기는 출애굽과 홍해 도하에서 출발해서 두 번째 이야기로 이어집니다. 그다음 이야기는 시내산 이야기입니다. 출애굽 이후 50일째가 되어 이스라엘 백성들은 마침내 시내산에 도착합니다. 이곳에서 그들은 율법을 받습니다.

애굽에서 벗어나 자유자가 된 이스라엘 백성에게 하나님께서 율법을 주신 것입니다. 이 지점이 우리가 주목해야 할 부분입니다. 하나님께서는 죄와 억압으로부터 자유를 주셨습니다. 그러나 그 이후 원하는 대로 무엇이든 할 수 있게 하지는 않으셨습니다. 그보다 그들에게 율법을 주셨습니다.

그럼으로써 참된 자유는 법이 없는 상태가 아니라 바른 법 아래 있는 것임을 알려주셨습니다.

물고기의 자유는 물을 벗어남으로 주어지지 않습니다. 좁은 어항에서 넓은 연못으로 옮기면 좀 더 많은 자유를 누릴 수는 있지만, 물 자체를 떠날 수는 없습니다. 탕자의 진정한 자유 또한 아버지를 떠난 이방 나라에서가 아니라 아버지 집에서 아들로서 살아갈 때 주어지는 것입니다.

우리도 마찬가지입니다. 구원은 법이 없는 자유가 아니라 바른 법 아래 있는 자유입니다. 하나님의 창조의 법칙 아래 있는 몸의 건강함과 같은, 그런 자유가 참 자유입니다. 애굽에서 벗어남은 구원의 첫 단계이고, 그다음은 반드시 시내산 율법을 받아 그것을 따라 살아가는 것임을 잊어서는 안 됩니다. 시내산의 율법이 없는 구원은 자유가 아니라 방황입니다.

성막 이야기

구원 이야기는 성막에 관한 세 번째 이야기로 나아갑니다. 이스라엘 백성들이 출애굽한 지 일 년 만에 성막이 완성됩니다. 구약성경 출애굽기를 보면, 성막 이야기가 거의 절반을 차지합니다. 이처럼 성막에 관해 상당히 긴 분량이 할애되고 있는 것은 구원에서 성막이 차지하는 비중이 매우 크다는 것을 알려줍니다. 구원의 이야기는 출애굽 이야기와 시내산 이야기에 성막 이야기가 들어가야 비로소 완성됩니다.

성막은 하나님을 섬기고 예배하는 장소입니다. 그런데 출애굽기의 성막 이야기는 안식일 이야기와 함께 나옵니다. 안식일은 하나님을 예배하는 시간입니다. 성막과 안식일, 곧 예배의 장소와 시간에 관한 이야기가 출애굽기 후반부의 주제입니다.

생각해 보십시오. 조금 전까지 이스라엘 백성은 애굽 왕 바로의 노예였습니다. 그런데 그들의 노예로서의 삶은 엄밀히 말해 바로를 신으로 예배하며 살았던 종교적 삶이었습니다. 이러한 그들을 하나님께서 자유의 백성이 되게 하셨습니다. 그렇다면 이제 그들이 해야 할 것은 무엇일까요? 이제부터 그들은 그 무엇도 섬기지 않으면 될까요?

현대인들은 자신을 그 누구도 섬기지 않는 자유자라고 생각합니다. 하지만 이것은 심리적 착각입니다. 사람은 무엇인가를 의지하거나 숭배하며 살게 되어 있습니다. 이스라엘 백성들을 보십시오. 그들이 애굽의 바로를 섬기지 않게 되었을 때, 이후 그들은 아무것도 섬기지 않게 되었을까요?

성막 이야기를 읽다 보면 그 속에 매우 어두운 삽화를 발견합니다. 이른바 금송아지 사건입니다. 이 사건이 의미하는 바가 무엇일까요? 바로를 섬기지 않게 되었을 때, 그들은 결국 아무것도 섬기지 않게 된 것이 아니라, 금송아지를 섬기게 되었다는 것입니다. 하나님을 예배하도록 창조된 인간은 하나님을 섬기지 않으면 결국 금송아지를 숭배할 수밖에 없습니다.

사람들은 다른 무엇을 숭배하지 않으면 결국 자기 자신을 숭배하게 되어 있습니다. 자아 숭배와 물신숭배를 하고 있는 현대의 물질주의와 뉴에이지 흐름이 그것을 증명합니다. 금송아지 사건은 지금 이곳에서도 계속 쓰이고 있는 이야기입니다.

참 구원과 자유가 무엇일까요? 그것은 아무것도 섬기지 않는 것이 아니라 하나님을 섬기는 것입니다. 하나님을 온전히 섬기고 예배할 때 구원의 이야기가 완성됩니다. 천국에서 완성된 구원의 핵심은 하나님에 대한 예배입니다. 구원은 성막에서 하나님을 온전히 예배하며 하나님을 사랑할 때 완성됩니다.

구원은 죽어 천국 가는 것이 전부가 아닙니다. 그보다 지금 이곳에서 이미 이루신 십자가의 구원에 근거해 그 구원을 누리고, 또 내적·외적 애굽에서 출애굽하는 자유의 이야기를 써가는 것입니다. 나아가 하나님의 말씀을 따라 주어진 삶의 길을 걸어가면서 순종의 이야기를 써가는 것이요, 또한 지금 이곳이란 성소에서 하나님을 예배하며 그분의 임재 안에서 동행의 이야기를 써가는 것입니다.

바른 순서

구원에 관해서 알아야 할 또 하나 중요한 것이 있습니다. 그것은 바른 순서입니다. 순서가 바르게 되는 곳에 온전한 구원이 있습니다. 어떤 종교는 구원을 시내산-홍해-성막으로 생각합니다. 먼저 율법을 따라 도덕적 선행을 많이 하면 홍해를 건너는 구원을 얻게 된다고 생각합니다. 또 어떤 종교는 그 순서를 성막-시내산-홍해로 생각합니다. 즉 하나님께서 누구신지 몰라도 종교적 예식을 많이 행하고 신상 앞에 절을 많이 하면 구원을 얻는다고 생각합니다. 그러나 성경은 구원의 이야기는 반드시 홍해-시내산-성막의 순서가 되어야 한다고 가르칩니다.

먼저 은혜로 구원 얻는 홍해 이야기가 있어야 합니다. 은혜와 믿음이 먼저입니다. 그다음에 율법의 시내산이 옵니다. 율법은 구원을 얻은 자를 위한 가르침으로 주어집니다. 율법이 먼저 오면 사람들은 율법을 지키지 못하는 죄책감에 빠지거나 아니면 그릇된 율법주의에 빠집니다. 중요한 것은 이후 성막이 반드시 필요하다는 것입니다. 하나님과 지속적으로 만나는 교제와 예배가 없으면 신앙은 생명력이 빠진 종교나 도덕 윤리에 그치고 맙니다. 성막의 예배가 홍해 이야기 속에 담긴 구원의 감격을 회복하게 하고, 시내산에서 주신 말씀을 따라 살아갈 수 있는 힘을 줍니다.

홍해, 시내산, 성막은 구원의 삼위일체와 같습니다. 그중에 하나라도 빠지면 온전한 구원을 누릴 수 없습니다. 우리에게 주어진 구원은 온전하고 놀랍습니다.

여름이 한창입니다. 우리에게 주어진 이 위대한 구원을 여름처럼 뜨겁고 강력하게 경험하며 살아가기를 바랍니다.

그 무엇을 했다고 해도

사랑에 성공하지 못한다면,

결국 아무것도 하지

않은 것이나 마찬가지입니다.

사람이 천사의 말을 할지라도,

사랑이 없으면 아무것도 아니며

오직 사랑만이 영원합니다.

사랑을 배우는 것이

창조 목적을 회복하는 것입니다.

삶은 사랑을 배우는 것입니다.

가을

우리가 이 땅에서 하는 일이

비록 작고 국지적인 일이라 하더라도,

거기에는 궁극적으로

하나님 나라를 이루는

크고 원대한 의미가 담겨 있습니다.

지금 이곳에서 내가 하는 일이

하나님 나라를 이루는 도구가 되고,

이웃을 위해 봉사하는

하나님의 손과 발이 되고,

나아가 내 속에 하나님의 형상을 이루는

통로가 됩니다.

세 가지 열매

여름에 우리는 열심히 일하고, 가을에는 노동의 결실을 거둡니다. 여름의 땀은 힘들지만, 가을의 탐스러운 열매가 있기 때문에 보람이 있습니다. 하나님께서는 우리에게 노동을 하게 하셨습니다. 그것은 우리가 가을에 소중한 열매를 맺게 하기 위함입니다. 노동을 통해서 삶에 필요한 재화를 생산하게 하시고, 공동체를 이루게 하시며, 사람들 속에 하나님의 형상을 이루어가게 하십니다.

존 스토트는 『현대사회 문제와 그리스도인의 책임』IVP, 2011(개정판)이란 책에서 하나님께서 일과 노동을 통해서 우리 삶에 맺게 하시는 열매를 영광, 봉사, 성취감이라는 세 가지로 정리합니다.

영광, 봉사, 성취감

첫째, 하나님께서는 일과 노동을 통해서 우리로 하여금 그분의 창조에 참여하는 영광을 얻게 하십니다. 의사는 병자를 고치면서 치료하시는 하나님의 사역에 참여하고, 교사는 학생을 가르치면서 양육하시는 하나님의 사역에 함께 합니다. 기업가는 일자리를 창출하면서 입히고 먹이시는 하나님의 사역에 동참합니다. 사람의 노동은 하나님의 창조사역에 보조 활동이 됩니다.

비록 작은 일이라고 해도 그것은 인류를 위한 하나님의 창조사역에 참여하는 의미를 갖기 때문에 "먹든지 마시든지 무엇을 하든지 다 하나님의 영광을 위하여"고전10:31 해야 합니다. 만약 우리의 일이 아무리 소박한 일이라 해도 그것이 하나님의 창조에 참여하는 것임을 알고 일한다면, 노동은 곧 예배가 될 것입니다. 예배는 예배당에서만 드리는 것이 아닙니다. 일터에서도 드려져야 합니다.

둘째, 하나님께서는 일과 노동을 통해서 우리로 하여금 타인에게 봉사하게 하십니다. 우리는 서로 연결되고 의존되어 살아갑니다. 서로의 다양한 노동과 일들 때문에 서로의 필요를 채워주는 공동체가 가능합니다. 그래서 우리의 노동은 단순한 생계유지 수단이라는 의미만 있는 것이 아니라 타인을 위한 봉사라는 의미도 지닙니다. 이 점을 생각할 때 일은 곧 보람이 되고, 또한 이웃 사랑의 구체적인 실천이 됩니다.

셋째, 하나님께서는 일과 노동을 통해서 우리로 하여금 성취감을 얻게 하십니다. 하나님께서는 창조를 완성하신 후 제 칠 일째 안식일로 쉬셨습니다. 이 쉼은 엿새 동안 힘써 일하심으로 피곤하여 쉬신 그런 쉼이 아니었습니다. 이 쉼은 건축가가 건물을 완성하고 난 후에, 예술가가 작품을 다 마친 후에, 땀을 닦으면서 만족하는 그러한 충만한 기쁨이었습니다.

우리도 최선을 다해서 일하면 이런 쉼을 얻을 수 있습니다. 일의 결과에 대해서 하나님께서 "보시기에 좋았더라"고 말씀하셨던 것처럼, '참 좋았다'라고 말하는 그런 성취감을 가질 수 있습니다. 이런 만족감이 이어질 때 삶은 활력이 생깁니다. 일과 노동은 에덴동산에서부터 주어졌던 창조의 질서였습니다. 하나님께서는 이렇게 일과 노동을 통해 삶을 풍요롭게 하는 세 가지 열매가 맺히도록 계획하셨던 것입니다.

천국에서의 노동

일과 노동이 그런 의미를 지녔다면, 천국에는 과연 일과 노동이 있을까요? 이 땅에 살면서 노동이 고통이라고 느낀 사람들은 천국을 일없이 마냥 먹고 즐기는 곳으로 상상하곤 합니다. 그러면 성경은 어떻게 말하고 있을까요?

예수님께서 달란트 비유와 므나 비유를 말씀하셨는데, 이는 천국에 관한 비유였습니다. 다섯 달란트와 두 달란트를 받았던 사람에 관해 예수님께서는 이렇게 말씀하셨습니다.

"그 주인이 이르되 잘하였도다 착하고 충성된 종아 네가
적은 일에 충성하였으매 내가 많은 것을 네게 맡기리니
네 주인의 즐거움에 참여할지어다"마25:21

므나 비유에서는 "주인이 이르되 잘하였다 착한 종이여 네가 지극히 작은 것에 충성하였으니 열 고을 권세를 차지하라"눅19:17고 하셨습니다. 두 비유에 의하면 천국의 상급은 무엇일까요? 일을 더 이상 하지 않는 걸까요? 아니면 더 많은 일을 하는 걸까요? 천국에 가면 너무 지루할 거라는 걱정은 할 필요가 없습니다.

C. S. 루이스 글의 상당 부분은 천국과 지옥에 관한 내용입니다. 여러 판타지 소설들이 있는데 그중에 이런 대사가 있습니다.

접시를 씻어서 내게 주고 이제 너는 가서 별을 만들거라.
… 별을 모두 만들었으면, 이제 새로운 성좌를 만들어라.

천국에서 인간은 마냥 쉬는 것이 아니라, 새 하늘과 새 땅을 만드는 일에 참여하는 작은 창조자로서 하나님과 함께 일하는 동역자가 됩니다. 하나님의 위대한 창조에 참여하는 보람된 일을 더 많이 하게 됩니다. 이것이 곧 천국의 상급입니다.

천국에는 할 일이 더 많습니다. 하지만 그 많은 일들 때문에 힘든 것이 아니라 오히려 더 즐겁습니다. 그 일로 인해서 "주인의 즐거움에 참여"마25:21하게 됩니다. 왜냐하면 그 일은 '하나님께 영광', '타인에 대한 봉사', '자신의 성취감'이란 세 가지 열매를 맺어가기 때문입니다. 그리하여 이 열매들이 삶을 더 풍성하게 하여 "생명을 얻되 더 풍성하게 얻게"요10:10 하기 때문입니다. 이것이 곧 새로운 생명인 영생의 한 모습입니다.

우리가 지금 이곳에서 하는 일과 노동은 천국에서 하게
될 일에 비하면 작고 사소한 일일지 모릅니다. 직장에서의
일상적인 일, 가정에서의 집안일, 자녀를 양육하는 일 등등.
그러나 그 일들은 모두 매우 중요한 의미를 갖습니다. 왜냐
하면 우리가 이 땅에서 하는 일도 세 종류의 열매를 맺기 때
문입니다. 그래서 하나님과 타인과 자신을 향한 삼중적 영
향력을 지속적으로 미치기 때문입니다. 또한 이 땅에서 행
한 일의 결과들 중에는 이 땅의 일로만 끝나지 않고 영원한
하나님 나라로 이어질 것도 있기 때문입니다.

따라서 우리가 이 땅에서 하는 일이 비록 작고 국지적인
local 일이라 하더라도, 거기에는 궁극적으로 하나님 나라를
이루는 크고 원대한global 의미가 담겨 있습니다. 지금 이곳에
서 내가 하는 일이 하나님 나라를 이루는 도구가 되고, 이웃
을 위해 봉사하는 하나님의 손과 발이 되고, 나아가 내 속에
하나님의 형상을 이루는 통로가 됩니다.

그러므로 나의 일을 별 쓸모없는 작은local 일이라고 말하
지 마십시오. 오히려 의미상으로 그것은 매우 큰global 일입니
다. 예를 들어 내가 한 아이를 양육하는 일은 하나님의 자녀
를 키우는 의미를 지니고, 그 아이를 통해서 펼쳐질 하나님
나라를 준비하는 일이 됩니다.

이처럼 나의 현재의 일은 영원에도 영향을 미칠 수 있습니다. 그런 점에서 내가 일하면서 서 있는 가장 지역적인 '지금 이곳'은 사실상 매우 우주적인 곳이 됩니다. 즉 우리 삶의 모든 자리는 다 글로컬glocal입니다. '지금 이곳'은 로컬과 글로벌이 연결되어 있는 거룩한 공간이며, 현재와 영원이 맞닿아 있는 신성한 시간입니다.

그러므로 기억해야 합니다. 지금 이곳에서 어떻게 살아가며 어떻게 일하느냐가 매우 중요하다는 것을. 또 내 삶의 자리에서의 작은 충성과 변화를 통해서 세상에 큰 변화가 온다는 것을. 그런 점에서 내가 서 있는 지금 이곳을 더 사랑하고, 더 충성스럽게 맡겨진 일을 할 필요가 있다는 것을.

어떤 일을 한다고 해도, 하나님 안에서 우리가 하는 모든 일이 다 글로컬임을 깨닫기 바랍니다. 글로컬의 삶을 살아가는 우리의 일이 매우 특별하고 소중하다는 것을 깨닫기 바랍니다. 우리의 일은 우리의 가을 나무에 '하나님께 영광', '사람에 대한 봉사', '자신의 성취감'이란 열매들을 주렁주렁 맺게 하시려는 하나님의 아름다운 계획임을 잊지 마시기 바랍니다. 당신이 하는 모든 일이 소중합니다. 그리고 그 일을 하는 당신은 더 소중합니다. 이 가을, 그 소중한 당신을 축복합니다.

"자신을 채무자로

생각하는 사람이 있습니다.

그는 빚진 자의

마음으로 살기 때문에

선을 행하고도

교만하지 않고,

수고를 한다 해도

그것을 보상받을 권리로

여기지 않습니다.

하지만 그에게 참된 자유가 있습니다."

사랑의 선순환

　우리나라는 매년 현충일을 지키고, 미국은 매년 메모리얼 데이를 지킵니다. 나라를 위해 순국한 이들을 기리기 위해서입니다. 오늘 우리가 누리는 이 자유는 그냥 주어진 것이 아니라, 하나뿐인 그들의 생명을 바친 희생이 있었기에 가능함을 기억하기 위해서입니다.

　조금만 생각해 보면 알 수 있습니다. 오늘 우리가 누리는 자유뿐 아니라 민주도 그냥 주어진 것이 아니라는 것을. 과거 독재정권에 항거해서 고문을 당하고 목숨을 잃었던 사람들이 있었기에 오늘의 민주가 가능합니다. 오늘의 경제적 풍요도 청춘을 산업근대화의 제단에 제물로 바친 이들이 있었기에 가능합니다. 오늘의 자유, 오늘의 민주, 오늘의 번영은 우리와 우리 세대가 모두 쟁취한 것이 아닙니다. 과거 희생당한 이들이 준 선물입니다. 그러므로 과거 그들이 없었다면 산 자들의 오늘의 역사도 없습니다. 살아 있는 우리는 모두 과거 그들에게 크게 빚진 자로 살고 있습니다.

사랑의 빚쟁이

바울 사도는 이렇게 말했습니다.

"피차 사랑의 빚 외에는 아무에게든지 아무 빚도 지지 말라"롬13:8

이는 누구에게든 어떤 빚도 지지 말라는 뜻일까요? 그리고 다만 사랑의 빚만큼은 져도 된다는 말일까요? 아닙니다. 그보다는 사람은 누구든지 사랑의 빚을 지지 않고는 살 수 없다는 뜻입니다.

산다는 것 자체가 이미, 그리고 계속해서 누군가로부터 사랑의 빚을 지고 있는 것입니다. 물질적으로 빚을 지지 않고 사는 사람은 혹 있을지 몰라도, 사랑의 빚을 지지 않고 사는 사람은 아무도 없습니다. 우리 모두는 부모님에게 갚을 수 없는 사랑의 빚을 지고 있고, 살면서 만난 여러 스승들에게도 빚지고 있습니다. 복음을 전해준 이들의 희생과 수고에도 빚지고 있습니다. 삶의 거의 모든 영역에서 누군가에게 사랑의 빚을 지지 않고 사는 사람은 아무도 없습니다.

그런데 우리가 반드시 기억해야 할 큰 빚이 하나 있습니다. 바로 하나님께 진 빚입니다. 죄인이 하나님의 자녀가 되고 구원을 받았는데, 이것은 전부 내 노력이 아니라 오직 은혜로 된 것입니다. 그러므로 구원 얻은 자는 모두 이미 하나님께 영원히 갚을 수 없는 사랑의 큰 빚을 진 것입니다.

사도 바울은 누구보다 이것을 잘 알았던 사람입니다. 그는 스데반을 돌로 쳐 죽이는 일에 가담했던 핍박자였고, 한 사람을 죽이는 것으로 부족해 예수 믿는 사람을 조직적으로 잡아 죽이려 했던 사람입니다. 그랬던 그가 하나님께 은혜를 받고 사명자가 되었습니다. 죽어 마땅한 사람이 살아 있게 되고 남을 살리는 일에 사용되었습니다. 얼마나 귀한 일인가요! 그래서 바울은 늘 이렇게 생각했습니다. '내가 살아 있다는 것 자체가 이미 큰 빚을 지고 있는 것이다.' 그의 입을 떠나지 않는 고백이 하나 있었습니다.

"나의 나 된 것은 다 하나님의 은혜로라" 고전15:10

예수님께서 하신 이야기 속에 빚을 탕감받은 사람이 등장합니다. 그는 평생 갚아도 갚을 수 없는 1만 달란트란 어마어마한 액수를 탕감받았습니다. 영원한 빚쟁이일 수밖에 없었던 그가 자유자가 된 것입니다. 이제 그에게는 더 이상 갚을 빚이 없습니다. 이것이 구원입니다. 그런데 그는 빚을 탕감받으면서 새로운 종류의 빚을 지게 됩니다. 그것이 바로 '사랑의 빚'입니다.

비유 속에 나오는 이 사람의 이야기는 곧 우리의 이야기입니다. 우리는 모두 하나님께 죄의 빚을 탕감받았습니다. 이제 우리는 죄에서 해방된 자유자요 구원을 받은 사람입니다. 그러면서 동시에 큰 사랑의 빚을 지게 되었습니다. 그래서 우리는 아무런 빚이 없는 자이면서 동시에 영원히 갚을 수 없는 큰 빚을 진 자이고, 자유자이면서 동시에 채무자입니다. 이것이 믿는 자의 역설적 실존입니다. 자유자이면서 사랑의 빚진 자로서 살아가는 삶의 태도를 은혜의식이라고 부릅니다. 바로 이런 은혜의식이 있을 때, 그 샘터에서 감사라는 맑은 샘물이 끊임없이 솟아 나옵니다.

채무의식

어떤 빚이든지 빚을 졌다면 그 빚을 갚아야 마땅합니다. 사랑의 빚도 빚이기에 갚아야 합니다. 어떻게 갚을까요? "피차 사랑의 빚 외에는 아무에게든지 아무 빚도 지지 말라"는 말씀에 이어 십계명의 계명들이 나옵니다. 간음하지 말고, 살인하지 말고, 도둑질하지 말고 탐내지 말라롬13:9. 사랑의 빚을 갚는 두 가지 길이 있습니다. 하나는 소극적으로 이웃에게 악을 행하지 않는 것입니다롬13:10. 곧 간음치 않고, 살인치 않고, 도둑질하지 않고 탐내지 않는 것입니다. 그리고 다른 하나는 적극적으로 그들에게 사랑을 행하는 것입니다.

"사랑은 율법의 완성이니라"롬13:10

사람들 가운데 채권의식이 충만한 사람이 있습니다. 그는 자신을 늘 채권자로 생각합니다. '내가 준 것은 많지만 받은 것은 적다!' 그는 다른 사람으로부터 무엇인가를 받을 권리와 자격이 있다고 생각하기에 타인과 사회에 대한 원망이 그치지 않습니다. 개인주의에 빠진 사람도 있습니다. '나는 남으로부터 받은 것도 없으니 남에게 줄 것도 없다!' 그는 사랑의 빚진 자가 아니라고 생각하니 사랑의 빚을 갚으려는 마음도 없습니다.

그러나 반대로 자신을 채무자로 생각하는 사람이 있습니다. '나는 하나님으로부터, 부모님으로부터, 교회로부터, 수많은 사람들로부터 사랑을 많이 받았다. 나는 크게 빚진 자이므로 이 빚을 갚으면서 살아야 한다.' 그는 빚진 자의 마음으로 살기 때문에 선을 행하고도 교만하지 않고, 수고를 한다 해도 그것을 보상받을 권리로 여기지 않습니다. 하지만 그에게 참된 자유가 있습니다.

사도 바울이 그랬습니다. 그는 평생 빚 갚는 마음으로 살았습니다. 그에게 사랑의 빚을 갚는 것은 곧 이방인에게 복음을 전하는 것이었습니다.

"헬라인이나 야만인이나 지혜 있는 자나 어리석은 자에게
다 내가 빚진 자라" 롬1:14

만약 그가 이방인에게 복음을 전함으로 사랑의 빚을 갚지 않는다면, "내게 화가 있을 것이로다" 고전9:16고 말할 정도였습니다. 그만큼 강력한 채무의식으로 살았습니다. 자신이 사랑의 빚진 자임을 아는 사람이라면 바울처럼 빚을 갚는

자세로 살게 됩니다.

더 늘어나는 빚

무슨 빚이든 빚은 갚으면 줄어들게 되어 있습니다. 사랑의 빚도 빚인 이상 갚아간다면 점점 줄어들어야 합니다. 하지만 사랑의 빚은 역설적이게도 그 반대입니다. 갚을수록 그 빚이 더 늘어납니다. 이상하지만 사실입니다.

왜 그럴까요? 사랑의 빚을 진 자가 그 빚을 누군가에게 갚는다고 합시다. 그러면 그는 자기가 진 빚의 일부분을 갚게 되는 것입니다. 하지만 그 빚 갚음을 통해 또 다른 한 사람이 사랑의 빚을 지게 됩니다. 사랑의 빚진 사람이 한 명 더 늘어나는 것입니다. 그 사람이 또다시 다른 사람에게 사랑의 빚을 갚는다면 사랑의 빚진 자가 더 많이 생겨나게 됩니다. 그러면 어떻게 될까요? 서로가 진 사랑의 빚을 갚아가지만, 빚의 총량은 줄지 않고 계속해서 늘어납니다. 그래서 사랑의 빚은 갚을수록 그 빚이 점점 눈덩이처럼 커지는 것입니다.

사랑의 빚이 불어나면 불어날수록 자신을 빚진 자로 여

기며 사는 사람들이 늘게 됩니다. 또 그 빚을 갚고자 노력하는 사람이 생겨나면 생겨날수록, 서로의 '사랑의 빚 지우기'를 통해서 거룩한 사랑의 선순환이 생겨나게 됩니다. 다음은 벵겔이란 학자의 이야기입니다.

> 우리 모두는 사랑에 빚진 자로서 빚 갚는 삶을 살며, 그를 통해 남을 빚 지우며 살아간다. 그러므로 사람은 사랑을 통해 불멸의 채무관계에 들어간다.

바울은 디모데에게 사랑의 빚을 갚았고, 디모데는 그 빚을 다른 사람에게 갚았습니다. 그 사랑의 빚 갚음이 오늘 우리에게까지 전달되고 있지 않나요! 여기에 사랑이 있고, 삶이 있습니다.

가을의 가지 끝에 달린 열매들

가을의 가지 끝에 열매들이 달렸습니다. 한 송이 국화꽃도 그냥 피지 않듯이, 하나의 열매도 그냥 맺히는 법이 없습니다. 하늘이 비를 내리고, 땅이 기운을 내고, 농부가 땀을 흘려 열매가 맺힌 것입니다. 그러므로 모든 열매는 다 사랑의 빚을 지고 생겨난 것입니다.

이제 여름철 사랑의 빚진 열매들이 가을의 땅에 하나씩 둘씩 떨어지게 될 것입니다. 그리고 그 열매는 자신의 전부를 줌으로써 그 사랑의 빚을 갚을 것입니다. 이렇게 사랑의 선순환이 일어나면서 대지는 풍요로움을 유지하게 됩니다.

내 인생의 나무에 무슨 열매가 맺혀 있든지, 그것은 나 스스로 맺은 것이 아닙니다. 사랑의 빚으로 이루어진 것입니다. 그렇다면 그 열매로 사랑의 빚을 갚아가야 하지 않을까요? 우리가 다 채권자가 아니라 사랑의 채무자임을 알고, 빚 갚는 겸손한 마음으로 하루하루를 살아간다면, 우리의 가을에 사랑과 감사의 행복 열매가 풍성하게 맺힐 것입니다.

　　마음의 상처가 깊다고
　　너무 낙담할 필요는 없습니다.
　　상처의 계곡이 깊은 만큼
　　은혜의 강물이 많이 채워지고,
　　강물이 깊은 만큼
　　큰 배가 뜰 수 있습니다.
　　상처가 아니면 깨달을 수 없었던
　　깨달음에 이를 수 있고,
　　상처가 아니면 받을 수 없었던
　　축복을 누릴 수 있습니다.

마음의 상처는
치유됩니다

사노라면 육체가 늙어가고 약해집니다. 그와 함께 보이지 않는 마음의 주름살과 상처들도 많이 생깁니다. 상처가 없이 살면 좋겠지만 그럴 수 없는 세상입니다. 그렇다고 상처를 그대로 두면 고통의 쓴뿌리가 되어, 마음속을 아무리 좋은 것으로 채워도 풍성한 열매를 맺으며 살기가 어렵습니다.

내 영혼이 하나님만 바람이여

마음의 상처로 몸부림쳤던 한 시인이 있습니다. 그가 쓴

시는 이렇게 시작합니다.

"나의 영혼이 잠잠히 하나님만 바람이여 나의 구원이 그
에게서 나오는도다" 시62:1

이 구절은 시인의 잔잔한 호수 같은 마음을 보여주는 것
같습니다. 하지만 이 시를 쓴 시인은 아들의 칼끝을 피해 도
망하는 아버지였습니다. 그의 삶은 지진 앞에서 "넘어지는
담과 흔들리는 울타리" 시62:3 같았습니다. 시인은 결코 잔잔
한 마음을 가질 수 없었고, 오직 하나님만 바라보기도 어려
운 상황에 있었습니다. 그러므로 이 구절에는 시인의 평안
한 마음이 아니라, 그런 상황 속에서 심하게 상처 입은 상한
마음이 담겨 있는 것입니다. 당신의 경우, 시인처럼 상처로
인해 마음에 격한 풍랑이 일 때면 어떻게 하시나요?

삶이 외적 환경으로만 이루어져 있다고 생각하지만, 사
실 삶은 환경에 대한 우리의 반응으로 더 많이 이루어져 있
습니다. 동일한 환경에 산다고 해도 우리의 반응에 따라 삶
의 내용과 결과가 달라집니다. 그래서 삶에서 늘 주목해야
할 부분은 보이는 외적 공간보다, 외적 환경에 대한 반응을
만드는, 보이지 않는 내적 공간입니다. 마음의 상처는 종종

이 내면의 공간을 마비시킵니다. 내면의 파도치는 감정은 바르고 건강한 반응을 선택하지 못하게 만들고, 분노와 미움의 감정은 분노케 한 대상에게 우리를 묶어버립니다.

시인의 경우, 그의 마음의 풍랑을 잠잠하게 만들어 시선을 하나님께 향하게 하는 일은 결코 쉬운 선택이 아니었습니다. 상처를 입은 마음은 자기 마음대로 하기 힘듭니다. 감정적으로 반응하기가 더 쉽고, 환경을 먼저 보고 낙담하기가 더 쉽습니다. 하지만 그는 하나님을 먼저 보기로 선택했습니다. 힘들지만 마음의 치유는 여기서부터 시작됩니다.

마음의 상처가 있을 때 당신의 시선이 어디로 향하는지를 잘 살펴보십시오. 상처와 문제만 내려다보고 있는지, 아니면 하나님을 올려다보고 있는지 말입니다.

"나의 영혼이 잠잠히 하나님만 바람이여 나의 구원이 그에게서 나오는도다"시62:1

치유와 구원은 잠잠히 하나님만 바람에서 시작됩니다.

깊은 골짜기에서

시인이 바라본 하나님은 어떤 분이실까요?

"오직 그만이 나의 반석이시요 나의 구원이시요 나의 요
새이시니 내가 크게 흔들리지 아니하리로다" 시62:2

반석이요 구원이신 분을 바라볼 때 우리 마음에 찾아온
지진 같은 큰 흔들림이 줄어듭니다. 상처의 고통이 가라앉
습니다. 하지만 지진이 사라진 뒤에도 여진은 여전히 남아
있듯이, 상처가 다 치유되는 것은 아닙니다.

시편의 여러 시들은 시인이 그다음 무엇을 했는지를 보
여줍니다. 시편에는 하나님을 찬양하는 내용이 많지만, 비
탄과 분노와 좌절과 슬픔 같은 감정을 거침없이 쏟아놓는
내용들이 더 많습니다. 시편에는 영적으로 높은 정상들도
있지만, 시인의 상한 감정들이 파편처럼 흩어져있는 깊고
음침한 계곡들도 있습니다. 시편의 많은 내용들은 하나님을
잠잠히 바라본 시인이 그분 앞에서 억눌린 모든 아프고 억
눌린 내면을 다 쏟아놓은 기록들입니다.

생각해 보십시오. 우리 속에 있는 것들을 다 꺼내놓는다

면 어떤 모습일까를. 누가 그것을 있는 그대로 받아줄 수 있을까를. 그런데 의로우신 하나님께서는 우리 속에 있는 모든 것을 다 내어놓으라고 하십니다. 그것이 분노든, 좌절이든, 절망과 아픔이든, 죄이든, 그 무엇이든지 말입니다.

"백성들아 시시로 그를 의지하고 그의 앞에 마음을 토하라 하나님은 우리의 피난처시로다"시62:8

처음에 잠잠히 하나님만 바라봤던 시인이 드디어 그분 앞에서 자신의 마음에 있는 모든 것을 다 토해냅니다. 아마 조용히 하나님을 응시했던 시인의 눈에 눈물이 흘러내렸을 것입니다. 잠잠했던 시인의 입에서는 울음이 쏟아져 나왔을 것입니다. 그리고 그분 앞에 서 있던 시인은 어느새 그분의 가슴에 안겨서 울고 있었을 것입니다. 여기서 시인은 상한 마음의 치유를 경험합니다. 마찬가지로 우리 역시 그분 앞에 마음의 모든 것을 토로해야 합니다.

보는 지점이 달라지면

하나님 앞에 마음을 쏟아놓고 나자, 시인은 갑자기 세상이 변한 것을 느낍니다. 세상 자체는 변하지 않았지만, 그의 안목이 달라진 것입니다. 이전에는 자기 자신에 대한 연민만 보였고 그것으로 아프고 슬퍼했는데, 이제는 자기를 힘들게 하며 악을 행했던 대적들이 불쌍하게 보였고 그들에 대한 연민을 갖게 되었습니다.

"아 슬프도다 사람은 입김이며 인생도 속임수이니"시62:9

자신의 감정의 늪에서 헤엄쳐 나온 시인은 인생과 사람과 문제를 새롭게 보게 됩니다. 이것은 그가 인생을 보는 지점이 달라졌기 때문입니다. 보는 지점이 어디냐에 따라서 삶의 모습이 달라집니다. 멀리서 보면 달라지고, 높은 곳에서 보면 또 달라집니다. 십 년 후에 현재를 보면 오늘의 삶이 달라지고, 죽음의 지점에서 보면 또 달라지게 됩니다. 만약 영원에서 지금을 보며 살 수 있다면 당연히 오늘의 삶이 달라질 수밖에 없을 것입니다.

마음을 쏟아놓고 난 다음, 시인은 하나님과 함께 더 멀고 더 높은 곳에서 자신과 자신의 삶을 보는 눈을 갖게 되었고, 인간과 삶에 대해 바른 이해를 얻게 되었습니다. 감정만 해소된 것이 아니라 바른 깨달음까지 얻게 된 것입니다. 마음의 치유는 감정만의 문제가 아니라 깨달음의 문제입니다.

시인의 눈이 열리자, 시인의 귀에 말씀이 들리게 되었습니다. 머리로 들었던 말씀이 상처 때문에 마음에까지 이르지 못했다가, 비 온 후에 무지개가 떠오르듯이 마음의 하늘에 말씀의 무지개가 다시 떠오르게 되었습니다.

"하나님이 한두 번 하신 말씀을 내가 들었나니"시62:11

시인은 권능도, 인자도, 그리고 심판도 주님께 있다는 말씀을 듣습니다. 이전부터 들었던 말씀이 이제는 가슴에까지 들립니다. 그 말씀을 따라 시인은 모든 것을 하나님께 맡기고 오늘 하루를 그분과 함께 걸어가기로 결단합니다. 시인은 상처 때문에 오히려 하나님을 더 깊게 만나고, 그분과 동행하며 살게 됩니다.

그러므로 마음의 상처가 깊다고 너무 낙담할 필요는 없습니다. 상처의 계곡이 깊은 만큼 은혜의 강물이 많이 채워지고, 강물이 깊은 만큼 큰 배가 뜰 수 있습니다. 상처로 인해 한 단계 올라설 수 있습니다. 상처가 아니면 깨달을 수 없었던 깨달음에 이를 수 있고, 상처가 아니면 받을 수 없었던 축복을 누릴 수 있습니다.

예수님 안에서 치유받지 못할 상처는 없습니다. 우리에게는 상처를 뛰어넘을 충분한 은혜가 이미 주어져 있습니다. 우리를 향한 풍성한 삶의 약속은 어떤 상황 속에서도 무효가 될 수 없습니다. 그것은 하나님의 목적이며 약속입니다. 예수 그리스도 안에서 치유와 회복은 반드시 찾아오고야 맙니다.

사랑으로 배부릅니다

　　예수님께서 광야에서 시험을 받으시면서 40일 동안 주리셨습니다. 예수님께서도 육신을 가지셨기에 그분의 배고픔을 뼈저리게 느끼셨을 것입니다. 누구든지 극도로 주리면 보이는 온갖 것들이 먹을 것으로 보이거나, 적어도 먹는 것을 떠올리게 됩니다. 주리신 예수님께서도 광야에 널린 돌들을 보시면서 빵을 생각하셨을 것입니다. 또 그 옛날 출애굽 광야에서 아침 이슬처럼 내렸던 만나를 생각하셨을 수도 있습니다.

　　하지만 예수님께서 그분의 배고픔만 생각하셨을까요? 배고픈 자신만이 아니라 굶주린 백성들을 생각하셨을 것이 분명합니다. 우리가 금식 중에 북한과 아프리카의 어린이들을 생각하듯, 주님께서도 그 땅의 배고픈 백성들을 떠올리셨을 것입니다.

　가난한 나사렛 동네에서 자라나셨던 예수님께서는 그 땅 백성들의 힘겨운 삶을 누구보다 잘 알고 계셨습니다. 채권자들에 의해 무자비하게 착취당하며 무거운 세금의 무게에 짓눌려 사는 그들의 삶의 실상을 몸소 경험하셨기 때문입니다. 우리 시대는 중산층이란 계급이 있지만, 당시는 10% 정도의 상류층과 가난한 90%의 하류층만이 존재했습니다. 그 90% 중에서 10%는 유랑민과 거지, 한센 병자 등 최하층 계급들이었습니다. 이들 하류층들은 로마 및 유대 정부와 성전에 무려 20여 가지의 세금을 바쳐야 했고, 그런 후 남은 것으로 생계를 꾸려가야 했습니다.

돌을 떡으로?

　빵 문제가 너무나 절실했던 당시, 이 문제를 풀려는 사람들이 없지 않았습니다. 로마의 부당한 조세에 항거한 혁명당원들과 부자의 창고를 터는 홍길동 같은 의적들이 그러한 자들이었습니다. 이런 상황에서 예수님께서도 백성들의 절대

가난 문제를 심각하게 생각하지 않으셨을 리 만무합니다.

그런데 만일 당시 우리에게 돌을 떡으로 만들 수 있는 능력이 있다면 어떻게 했을까요? 그들을 위해 매일 기적의 잔치를 베풀고 싶어 하지 않았을까요? 당연히 예수님께서도 그러하셨을 것입니다. 그때 사탄이 이렇게 말합니다.

"네가 만일 하나님의 아들이어든 이 돌들에게 명하여 떡이 되게 하라" 눅4:3

돌을 떡으로 만들어 예수님 자신의 배고픔을 해결하라는 의미가 아니라, 인류를 구원하는 메시아라면 돌을 떡으로 만들어 그들의 배고픔의 문제를 해결함으로 구원하는 것이 마땅하지 않겠냐는 말입니다. 얼마나 현실적인 말인지 모릅니다. 지금도 빵 문제만 풀면 삶의 모든 문제를 다 푸는 것이라고 믿는, 그야말로 모든 것을 경제문제로 환원하는 사람들이 많습니다. 그런데 그때 예수님께서는 이렇게 답하십니다.

"기록된 바 사람이 떡으로만 살 것이 아니라 하셨느니라"
눅4:4

기적의 빵을 만드는 것이 빵 문제를 근본적으로 푸는 길이 아니라는 뜻입니다.

물론 예수님께서 기적의 빵을 만드신 적이 두 번 있기는 했습니다. 유대인들에게 베푼 오병이어와 이방인들에게 베푼 칠병이어의 기적이 그것들입니다. 그때 무리의 반응은 폭발적이었고, 그들은 즉각 예수님을 왕으로 삼고자 했습니다. 이 길로 예수님께서는 당장 백성들 사이에서 메시아로 인정받을 수 있으셨습니다. 하지만 주님께서는 그 자리를 떠나셨고, 더 이상 기적의 빵을 만들지 않으셨습니다. 돌로 빵을 만들 수 있는 능력이 있으신 분께서 왜 계속 그렇게 하지 않으셨을까요? 왜 쉽고 간단한 해결책을 거부하셨을까요?

시가 밥 먹여준다고?

이어령 교수의 『빵만으로는 살 수 없다』열림원, 2011라는 책이 있습니다. 「꽃이 밥 먹여주냐」라는 대목에서, 그는 사람은 밥만 먹지 않고 꽃과 시로 상징되는 "문화도 먹어야 사는 존재"라고 주장합니다. 맞는 말입니다. 밥만이 아니라 문화도 먹어야 사람이 사람답게 살 수 있습니다.

그런데 그의 주장을 듣고 사람들이 이렇게 묻는답니다. "꽃이 밥 먹여주냐?" 그러면 그는 이렇게 답한답니다. "그럼 밥 먹고 나서 뭐 할래?" 사람은 빵 없이 살 수 없지만, 동시에 빵만으로도 살 수 없는 존재입니다. 사람에게는 밥도, 시도, 꽃도 다 필요합니다. 사람은 문화적·정신적 빵을 먹어야 한다는 말은 백번 맞는 말입니다.

하지만 이것이 예수님께서 사람이 빵만으로 살 수 없다고 하신 말씀의 전부일까요? 예수님 당시는 문화와 정신의 빵을 논하기에는 사실 빵 문제가 너무나 절실했습니다. 배고프지만 참고 시와 음악을 음미하는 여유를 가지라는 말은 그들에게 너무 잔인했습니다.

그러면 주님께서 가지셨던 생각은 무엇이었을까요? 당시나 지금이나 사람들은 빵의 양만 늘어나면 빵 문제가 해결되리라고 생각하는 듯합니다. 유대 땅의 그 많은 돌들이 빵으로 바뀌면 빵 문제가 해결되고, 슈퍼 옥수수와 슈퍼 감자로 식량의 양이 늘어나면 기근 문제가 해결되리라고 믿습니다. 그런데 이는 매우 순진한 생각입니다. 생각해 보십시오. 지금도 북한과 아프리카에서 사람들이 굶어 죽어갑니다. 식량의 절대량이 부족해서일까요? 아닙니다. 절대 식량은 전세계적으로 이미 남아도는데도 불구하고 이런 일이 일어나고 있습니다.

그렇다면 그 이유는 무엇일까요? 빵의 양이 부족해서가 아니라, 빵에 관해서 하나님의 말씀대로 살지 않는 사람들이 존재하기 때문입니다. 빵은 배불리 먹지만 하나님의 말씀을 먹지 않는 사람들이 있기 때문입니다. 도널드 크레이빌이라는 학자가 이렇게 말했습니다.

> 예수님 당시의 상황과 오늘날의 상황이 크게 다르지 않다. 세계 인구의 1/5 정도가 지구상에 존재하는 자원의 80퍼센트를 소비하고 오염 물질의 80퍼센트를 쏟아 낸다. 나머지 4/5를 차지하는 가난한 사람들이 남은 20퍼센트의 빵 조각을 놓고 다툰다. 세계 인구의 절반에 가까운 사람들이 2달러도 안되는 돈으로 하루를 연명한다. 이 액수는 선진국에서 사람들이 애완동물에 쓰는 돈보다 적다.

우리가 하나님의 말씀에 따라 행동하지 않는 한, 빵이 많이 생산되어도 빵 문제는 여전히 존재합니다.

돌로 빵이 된다고 해도

돌로 빵을 만든다고 해도 사람들이 하나님 말씀대로 살지 않으면 빵 문제는 해결될 수 없습니다. 하나님 말씀을 먹는 사람들이 많이 있어야 모두 배부르게 빵을 먹을 수 있습니다. 그러면 어떻게 하는 것이 말씀을 먹는 것일까요?

하나는 공의의 경제 질서를 회복하는 것입니다. 요즘은 돈만 된다면 못하는 일이 없다고들 합니다. 돈이 된다면 돌을 빵으로 둔갑시킬 태세입니다. 돈이 된다면 중국산이 국산으로 둔갑하고, 배도 불법 개조하고 과적합니다. 돈이 된다면 질서도, 정의도, 양심도 버립니다. 공의가 죽어 있는 사회에서는 계속해서 일부는 더 배부르고, 일부는 더 배고파지는 악순환이 계속될 뿐입니다. 설령 돌이 떡이 될 수 있는 길이 있다고 해도 그렇게 하지 말아야 할 때는 중단하는 그런 공의가 있어야 빵 문제가 해결됩니다. 돌로 만든 빵을 먹는 것보다 말씀을 먹는 것이 더 우선입니다.

네 손의 빵을 나누라

또 하나는 자비의 경제를 되찾는 것입니다. 빵 문제를 해결하는 길은 돌로 빵을 만드는 하늘의 기적이 아니라, 우리 손에 들린 빵을 서로 나누는 것입니다. 사랑의 기적만이 이 문제를 풀 수 있습니다. 강인호 씨의 〈살아간다는 말〉이라는 시가 있습니다.

> 날벌레 걸려들기를 종일
> 기다리는 저 거미에게도
> 쩍쩍 보채는 새끼들에게
> 벌레 먹여주는 새에게도
> 다른 삶의 끈 끊고서야
> 제 생명 겨우 이어가는
> 먹고 산다는 말 안쓰럽다
> 살아간다는 말 쓸쓸하다

먹고 산다는 인간의 삶이 남의 것을 빼앗거나 희생을 안겨 줘야만 하는 그런 동물의 세계와 별반 다르지 않다면, 시인의 말처럼 인간 현실은 얼마나 쓸쓸할까요? 이것은 하나님께서 계획하신 본래 삶의 모습이 결코 아닙니다.

사람들은 빵 문제를 생각할 때 나눔의 방식을 별로 고려하지 않습니다. 물신주의 이데올로기에 사로잡혀 있다 보니 참다운 해결책이 보이지 않습니다. 사탄은 예수님께서 돌로 빵을 만드시면서 가난한 사람을 먹이시는 것으로 그분의 사역을 마치시기를 바랐습니다. 빵 문제의 보이지 않는 진짜 적, 그 질긴 인간의 죄성과 탐욕과의 싸움은 피하고서 말입니다. 지금도 사탄은 우리에게 그렇게 속삭이며 유혹합니다.

사랑으로 더 배부릅니다

주님께서는 빵 문제에 관한 하나님 나라의 원리를 바르게 알려주십니다. 그것은 가진 이들이 빵을 서로 나누는 것입니다. 나누되 강압이나 무력이 아니라 하나님의 사랑에 감화를 받아 스스로 나누는 것입니다. 그런데 이 일은 돌을 떡으로 만드는 것보다 더 힘든 일일 수 있습니다. 하지만 이것이 하나님 나라가 이 땅에 임하는 방법이요 진정한 답입니다.

오병이어 기적을 생각해 보십시오. 예수님께서는 돌을

빵으로 만드는 것과 같은 빵의 기적을 행하셨습니다. 하지만 이때 주님의 의도는 사탄이 원했던 그런 것이 아니었습니다. 자기 빵을 나누는 한 아이의 행동을 통해 하나님께서 어떤 일을 이루시는지를 보여주려는 것이었습니다. 그 결과 모든 배고픈 백성들이 다 풍족하게 먹고, 열두 바구니나 남게 되었습니다. 그런데 중요한 것은 그때 사람들은 배만 부르지 않고 마음까지도 부르게 되었다는 것입니다. 다들 참으로 만족하고 행복했습니다. 이것이 남은 열두 바구니의 깊은 의미입니다.

사람은 빵만으로 배부르지 않고, 사랑을 함께 먹을 때 정말 배부르고 만족해 합니다. 그때 서로가 서로에게 '복'이 되는 것을 경험합니다. 빵 문제로 싸우는 세상 속에서, 오히려 빵을 둘러싼 사랑의 공동체를 이루는 것입니다. 그러면 서로의 얼굴 속에서 하나님의 형상을 보고, 진짜 산다는 것이 무엇인지 체험하게 됩니다. 점점 나눔의 기쁨을 아는 사람이 많아지게 되고, 탐욕에 기초한 제도의 지배력은 상실됩니다. 여기에 하나님 나라의 희년 경제학이 있습니다.

시험에 들게 하지 마소서

우리는 인생 광야에서 경제문제로 가장 많은 시험을 받습니다. '돌을 빵으로 만들라'는 유혹의 소리를 듣습니다. 돌을 빵으로 만드는 경제성장만이 삶의 유일한 답이라고 생각하면서, 다른 모든 것을 희생하고서라도 그 목적 하나를 이루기 위해서 열심히 달립니다. 하지만 그 결과를 생각해 보십시오. 우리는 과연 배부른가요? 우리의 마음도 역시 배부른가요? 빵의 생산량인 경제 수치는 올라가는데, 왜 자살률은 높고 행복지수는 더 낮아질까요? 빵이 전부라는 유혹에 넘어가면서, 결국 인간은 빵만으로 사는 그렇고 그런 존재라고 스스로 격하시켜 버린 것은 아닐까요? 빵 때문에 삶도, 정다운 관계도, 가정도, 공동체도, 가치도, 다 뒷전으로 밀려난 것은 아닐까요?

인간의 빵 문제는 빵을 구한다고 해결되는 것이 아닙니다. 오직 하나님 말씀대로 살 때만 해결됩니다. 그렇게 살 때 우리는 비로소 삶을 찾습니다. 먹기 위해서 사는 존재가 아니라, 살기 위해서 먹는 참된 실존을 회복하게 됩니다.

한 해의 열매를 거두는 가을입니다. 한 해의 나무에 어떤 열매가 맺히길 바라나요? 빵이라는 경제적 수치의 열매만으

로는 충분치 않습니다. 정말 맺혀야 할 열매는 삶과 공동체
의 회복입니다. 사람은 빵만으로 살지 않고 하나님의 말씀
으로 산다는 말씀의 울림이 더욱 필요한 시대입니다.

시간을
계수하는 지혜

가을입니다. 시간이 끝을 향하여 다가가고 있습니다. 시간은 얼굴에 주름살을 새기고 마음에는 기억 몇 조각을 남긴 채 망각의 바다로 강물처럼 흘러갑니다. 시간은 화살처럼 순식간에 지나가 버려서 "우리의 평생이 순식간에 다하였나이다"시90:9라는 탄식을 자아내게 합니다. 이런 시간을 피부로 느끼게 하는 한 해의 끝자락을 만날 때면 이렇게 기도하게 됩니다.

"주여, 우리에게 우리 날 계수함을 가르치사 지혜의 마음을 얻게 하소서"시90:12

하나님께는 천 년이 하루 같고 하루가 천 년 같다[벧후3:8]는 말씀이 있습니다. 인간과 하나님의 시간 차원이 다름을 강조하는 말씀입니다. 그러나 같은 하루라도 체험의 질에 따라, 살아가는 사람에 따라, 시간의 가치와 의미가 달라진다는 의미로 볼 수도 있습니다. 천 년이 하루의 무게를 지닐 수도 있고, 하루가 천 년의 무게를 지닐 수도 있습니다. 시간의 상대성이론은 물질세계만이 아니라 인간의 역사와 삶에, 그리고 영적 세계에도 작용하고 있습니다.

가룟 유다는 차라리 나지 않았으면 좋았을 뻔했다는 평가를 받았습니다[마26:24]. 그의 일생은 하루의 무게 밖에 되지 않았습니다. 반면 예수님의 공생애 기간은 삼 년에 불과했지만, 그 삼 년은 삼천 년을 너머 영원의 무게를 지니는 시간이 되었습니다. 하루가 천 년이 된 것입니다.

두 족보

창세기 4장과 5장에는 가인과 셋의 두 족보가 등장합니다. 그런데 셋의 족보에는 나이가 기록되어 있으나, 가인의 족보에는 나이가 기록되어 있지 않습니다. 가인의 후손들이 땅에서 살았던 시간들이 계수되지 않은 것입니다. 그들의 시간은 하나님과 무관한 시간이었기에 하나님 나라의 역사에 기록할 만한 의미가 없는 낭비된 세월이 되었습니다. 천년이 하루가 되고 말았습니다.

열왕기상은 솔로몬이 성전 건축을 했던 시점을 기록합니다. 출애굽 후 480년 만이었습니다왕상6:1. 그런데 사도행전 13장은 그 시기를 출애굽 이후 573년으로 계산합니다. 이는 다음과 같이 계산할 수 있습니다. 출애굽 이후 광야 40년, 사사시대 450년, 사울 왕의 통치 40년, 다윗 왕의 통치 40년, 그리고 솔로몬이 왕위에 오른 지 3년, 합치면 573년이 됩니다. 두 기록 사이에는 93년의 차이가 있습니다.

그러면 실종된 93년을 어디서 찾을 수 있을까요? 사사시대를 보면 이스라엘이 이방 민족을 섬겼던 기간들이 나옵니다. 구산 왕을 8년, 모압 왕을 18년, 야빈 왕을 20년, 미디안을 7년, 블레셋을 40년, 그 세월을 모두 합하면 정확히 93년입니다. 역사서는 이 세월을 낭비된 세월로 보았던 것입니다.

창세기 16장은 아브라함이 이스마엘을 낳는 이야기로 끝맺습니다. 그런데 이어지는 17장은 그로부터 13년이란 세월이 흐른 시점에서 다시 시작합니다. 16장과 17장 사이에

13년의 공백이 있습니다. 이 세월에 대한 성경의 침묵이 의미하는 바는 무엇일까요? 하나님의 뜻과 상관없었던 세월을 낭비된 세월로 보는 것이 아닐까요?

우리가 열심히 살았다 해도 그 시간이 하나님 나라와 상관없으면 그 세월은 낭비된 세월이 될 수 있습니다. 반대로 우리의 세월이 하나님 나라와 연결되어 있으면 하루가 천년이 될 수도 있습니다. 오래 사는 것보다 하나님 나라의 역사책에 계수되느냐가 더 중요합니다. 하나님께서는 이런 기준으로 우리의 시간을 카운트하십니다. 이것을 아는 것이 시간에 관한 첫 번째 지혜입니다.

잃어버린 시간을 찾아서

누구에게든지 계수되지 않는 낭비된 시간이 많습니다. 잃어버린 세월이 있습니다. 이것 때문에 가슴이 아프고 후회스럽기도 합니다. 그 잃어버린 세월을 회복할 수는 없을까요? 흘러간 과거는 그것으로 영영히 끝나는 것일까요? 아닙니다. 회복할 수 있습니다.

마르셀 프루스트의 『잃어버린 시간을 찾아서』민음사,

2012~2022라는 소설이 있습니다. 시간 회복의 가능성에 대한 문학적 실험입니다. 흩어진 기억의 파편들을 엮어 가던 작가는 의미 없이 보였던 여러 사건들이 소중한 가치가 있음을 깨닫습니다. 과거에 대한 재구성을 통해서 잃어버린 시간을 찾는 환희를 경험합니다. 그러나 기억의 차원에서 삶을 의미 있는 하나의 이야기로 구성한 것만으로 시간을 구원했다고는 말할 수 없습니다. 과거를 재구성하는 방법도 필요하지만, 미래의 도전과 신앙을 통하여 잃어버린 시간을 허무에서 건져내는 것도 중요합니다.

험하고 부끄러운 세월을 살았던 한 여인의 이야기가 있습니다마26장. 그녀는 자신의 구겨진 죄악의 과거를 영영히 떨쳐 버리고 싶어 했습니다. 그랬던 그녀가 예수님을 만나면서 그림자처럼 떠나지 않던 짐을 벗는 영혼의 자유를 얻었습니다.

어느 날 그녀는 제자들과 함께 식사하는 예수님을 만나게 되었습니다. 가만히 있을 수가 없었던 그녀가 그 자리에서 예수님의 머리에 향유를 허비하듯 쏟아붓자 온 집안에 향유 내음이 가득하게 되었습니다. 이것은 구원의 향기를 드러낼 예수님의 죽음을 예비한 것이었습니다.

그녀에게 주님께서 말씀하셨습니다.

"내가 진실로 너희에게 이르노니 온 천하에 어디서든지 이 복음이 전파되는 곳에서는 이 여자가 행한 일도 말하여 그를 기억하리라"마26:13

이로써 복음의 역사라는 거대한 집안에 그녀가 행했던 일의 향내가 두고두고 남게 되었습니다. 그녀의 하루의 헌신이 그녀의 잃어버렸던 긴 세월을 다 건져낸 것입니다. 하루 가치도 안되었던 그녀의 세월이 길이 빛날 하늘의 별이 되었습니다. 그녀의 하루가 천 년이 된 것입니다.

최후의 심판에 관한 예수님의 말씀이 있습니다.

"지극히 작은 자 하나에게 한 것이 곧 나에게 한 것이니라"마25:40

작은 자에게 주었던 한 잔의 물, 한 번의 영접, 그 일을 했던 사람들조차 기억하지 못하던 그 사소한 일들을 주님께서는 일일이 기억하십니다. 아무리 작게 보이는 일이라도 하나님 나라와 연결될 때 그것은 하늘의 책에 기록되는 소중한 사건이 됩니다. 순간이 영원을 만날 때 하루가 천 년이 되는 것입니다.

많은 세월을 잃어버렸다고 낙심하고 계시나요? 아직 늦

지 않았습니다. 지금부터라도 당신의 시간을 하나님 나라를 위해 사용하십시오. 작은 일이라도 상관없습니다. 하나님과 사람을 사랑하는 것은 영원합니다고전13장. 지금부터 믿음으로 살아가십시오. 당신의 오늘의 사랑과 내일의 헌신이 잃어버린 과거의 세월을 구원할 수 있습니다. 미래가 과거를 다시 창조합니다. 이것이 시간에 관한 두 번째 지혜입니다.

가을이 지나고 겨울이 오고 있습니다. 흰 눈 위에 찍힌 발자국처럼, 주님의 하얀 마음에 뚜렷이 각인되는 그런 인생의 시간을 살고 싶으신가요? 가을을 지나는 우리의 삶이 영원한 봄인 하나님 나라에 기록되는 삶이고 싶으신가요? 그렇다면 이 땅의 시간을 어떻게 보내야 하는지 생각해 보십시오. 주님께 시간을 계수하는 지혜를 달라고 기도하십시오.

" 홍해 건너기가

우리 대신 단번에 죽으신

예수님의 십자가를 믿는 것이라면,

요단강 건너기는

자아에 대해서 매일 죽는

자기 십자가를 지는 것을 의미합니다.

홍해를 통과해야

구원을 받을 수 있다면,

요단강을 통과해야

성령충만한 삶을 살 수 있습니다. "

두 개의 강

세 종류의 땅

    살아가는 모습들이 매우 다양합니다. 각자 좋을 대로 살아가기에 어떤 종류의 삶을 추구해야 하는지 판단하기가 쉽지 않은 세상이 되었습니다. 이럴수록 삶에 대한 바른 기준이 필요한 법입니다. 섬김을 받으려는 삶과 섬기는 삶, 소유적 삶과 존재적 삶, 쫓기는 삶과 쫓아가는 삶, 반사적 삶과 주도적 삶.

    바른 기준으로 보면 어떤 삶이 옳고 바른지 분별할 수 있습니다. 철학자 키르케고르도 삶의 의미가 혼돈스러웠을 당시 삶을 심미적 실존, 도덕적 실존, 종교적 실존으로 구분하면서 삶의 합당한 모습을 찾아내려고 했습니다.

　성경도 세 가지 종류의 삶을 제시합니다. 곧 육에 속한 사람의 삶, 육신에 속한 그리스도인의 삶, 그리고 신령한 그리스도인의 삶입니다. '육에 속한 사람'의 삶은 "성령의 일을 받지 않은"고전2:14 믿음 없이 사는 삶입니다. '육신에 속한 그리스도인'의 삶은 "그리스도 안에서 어린 아이들"고전3:1로서 믿기는 하나 성숙치 못한 삶입니다. '신령한 그리스도인'의 삶은 "모든 것을 판단하나 자기는 아무에게도 판단을 받지 아니하는"고전2:15 삶, 즉 외적 환경에 의해 지배 받기보다 오히려 선한 영향을 미쳐 그 상황을 변화시키며 사는 성령충만한 삶입니다.

　고린도전서가 보여주는 세 종류의 삶은 이스라엘 역사 속에 나타난 세 종류의 땅에서의 삶과 같습니다. 첫째는 애굽에서의 삶입니다. 그곳에서 이스라엘은 바로의 노예가 되어 하나님 아닌 존재를 하나님처럼 섬기며 살았습니다. 이른바 육에 속한 자의 삶이었습니다.

　둘째는 광야에서의 삶입니다. 광야에서 그들은 출애굽을 통해 자유를 얻었으나, 하나님의 뜻보다 자기 뜻대로 살면서 불평과 원망과 거역을 일삼는 자기중심적이고 미숙한 어린아이와 같은 모습을 보였습니다. 육신에 속한 그리스도인의 삶이었습니다.

셋째는 가나안에서의 삶입니다. 가나안 땅에서 백성들은 말씀에 순종함으로 강력한 여리고 성도 무너뜨렸고, 죄악의 가나안을 젖과 꿀이 흐르는 땅으로 만들어가기도 했습니다. 환경을 다스리고 변혁시키는 영에 속한 그리스도인의 삶이 었습니다.

성경은 세 종류의 땅에 사는 세 종류의 삶을 보여주면서, 우리를 향해 지금 어떤 땅에서 어떤 삶을 살고 있는지 묻고, 나아가 우리가 지향해야 할 목표가 무엇인지 분명히 제시합니다. 가나안을 정복하는 신령한 그리스도인의 삶이 우리가 이르러야 할 목표점입니다. 하지만 어떻게 해야 그곳에 이를 수 있을까요?

홍해를 건너

성경은 먼저 우리가 홍해란 강바다을 건너야 한다고 말합니다. 이스라엘 백성은 하나님의 은혜로 애굽에서 벗어나게 되었으나 곧바로 추격해 오는 바로의 군대 때문에, 뒤에는 애굽 군대, 앞에는 홍해라는 진퇴양난에 처하게 되었습니다. 출구는 불가능하게 보이는 하나의 길밖에 없었습니다. 바로 홍해를 건너는 것이었습니다. 결국 하나님께서는 홍해 사이로 길을 만드셨고, 그들은 홍해를 건너 마침내 애굽의 손아귀에서 완전히 벗어나게 되었습니다.

이러한 홍해 사건이 성경에서 의미하는 바는 매우 큽니다. 사도 바울은 이 사건을 세례에 비유했습니다.

> "… 우리 조상들이 다 구름 아래에 있고 바다 가운데로 지나며 모세에게 속하여 다 구름과 바다에서 세례를 받고"
> 고전10:1-2

세례란 옛 자아는 죽고 새로운 자아로 살아나는 것이며, 죄의 다스림에서 하나님의 다스림으로 옮겨 가는 것입니다. 그 누구도 스스로의 힘으로 죄와 사망의 지배에서 벗어날 수 없습니다. 수행과 자기 공로로 죄와 사망의 바다를 건너려고 하는 것은 넘실대는 홍해를 헤엄쳐 건너려는 것과 같습니다. 홍해를 건너는 유일한 길은 바다 가운데로 하나님께서 내신 길인 예수 그리스도의 십자가를 통과하는 것입니다.

"내가 곧 길이요 진리요 생명이니 나로 말미암지 않고는 아버지께로 올 자가 없느니라"요14:6

애굽의 삶을 벗어나 목표점에 이르기 위해서는 먼저 홍해를 건너야만 합니다.

요단강을 지나

이스라엘 백성은 홍해를 건너 애굽을 벗어나 광야로 들어갔습니다. 그러나 광야는 머물 곳이 아니라 통과해야 할 곳입니다. 광야의 삶을 그리스도인의 삶의 전부로 착각하며 사는 사람이 얼마나 많은지요! 우리의 목적지는 가나안 땅입니다. 그런데 광야를 벗어나 가나안 땅에 들어가려면 또 하나의 강을 건너야 합니다. 바로 요단강입니다.

이스라엘 백성은 광야 생활을 끝내고 마침내 요단강을 건넜습니다. 강물이 너무 범람해서 아무도 건널 수 없었을 때, 지도자 여호수아가 제사장들에게 언약궤를 메고 강물에 먼저 발을 담그라고 명령했습니다. 그러자 강물 사이로 길이 났고, 그 길을 통해서 백성들이 건너게 되었습니다. 모세의 지팡이로 홍해 바다를 건넜다면, 요단강은 제사장들의 언약궤를 통해서 건넌 것입니다. 그래서 요단강 건너기의 핵심에는 언약궤가 있습니다. 그리고 언약궤 안에는 십계명 돌판이 담겨 있습니다.

십계명이 담긴 언약궤를 들고 요단강을 건넜다는 것이 의미하는 바는 무엇일까요? 그것은 가나안 땅의 삶은 말씀에 대한 순종으로서만 가능함을 보여주는 것입니다. 실제로 하나님께 순종하는 마음이 가나안 땅 입국의 패스포트였습니다. 가나안 땅에서 말씀에 순종하고 하나님의 다스림 아래 있었을 때, 그들은 그 땅을 정복하면서 그곳을 젖과 꿀이 흐르는 곳으로 만들 수 있었습니다. 하지만 그렇지 않았을 때, 그들은 결국 그 땅에서 쫓겨나 다시 앗수르와 바벨론의 노예가 되고 말았습니다.

광야적 삶의 특징은 언약의 말씀을 망각하고 순종하지 않는 것입니다. 그 삶은 쉬지 않는 입술의 불평과 고집 센 자아들 사이의 끝없는 충돌과 갈등을 낳습니다. 가나안 땅의 삶이 되려면 언약궤가 상징하는 순종이 필수적입니다.

모세는 지상에서 가장 온유한 사람이었지만 가나안 땅에 들어가지 못했습니다. 온유했다는 것은 성품이 유순했다는 말이 아니라, 이스라엘 백성들처럼 목이 뻣뻣하지 않았다는 뜻입니다. 말씀에 대한 절대 순종이 모세가 지닌 온유함의 핵심이었습니다.

그런데 므리바란 곳에서 모세는 그 온유함을 한 번 잃어버립니다. 하나님의 말씀이 아니라 자기 감정과 의지대로 분노하면서 패역한 이스라엘 백성들처럼 행동합니다. 성경은 모세가 이 한 번의 실수 때문에 가나안에 들어가지 못했다고 기록하는데, 이는 가나안 땅의 삶은 하나님의 다스림을 받는 순종의 사람만이 누릴 수 있는 것임을 알려주는 또 하나의 두려운 상징이 되었습니다.

하나님의 다스림 아래서 자아가 깨어진 온유한 사람만이 가나안 정복의 삶을 살 수 있습니다. 예수님께서도 이렇게 말씀하셨습니다.

"온유한 자가 복이 있나니 그들이 땅을 기업으로 받을 것임이요"마5:5

자기 십자가를 지고

광야의 삶을 살던 백성들이 가나안 땅에 들어가기 위해

서 요단강을 건너야 했던 것처럼, 육에 속한 그리스도인이 영에 속한 그리스도인이 되려면 반드시 영적 요단강을 건너야 합니다. 홍해 건너기가 세례란 의미를 가진다면, 요단강 건너기는 어떤 의미를 지닐까요? 홍해 건너기가 우리 대신 단번에 죽으신 예수님의 십자가를 믿는 것이라면, 요단강 건너기는 자아에 대해서 매일 죽는 자기 십자가를 지는 것을 의미합니다. 예수님께서도 이렇게 말씀하셨습니다.

> "아무든지 나를 따라 오려거든 자기를 부인하고 날마다 제 십자가를 지고 나를 좇을 것이니라"눅9:23

홍해를 통과해야 구원을 받을 수 있다면, 요단강을 통과해야 성령충만한 삶을 살 수 있습니다. 죄악의 홍해를 건너고, 자아의 요단강을 지나야 내 삶의 가나안 땅을 젖과 꿀이 흐르는 곳으로 변화시킬 수 있는 것입니다.

성숙의 가을이 오고 있습니다. 성숙해진다는 것은 무엇일까요? 애굽의 삶에서 광야의 삶을 거쳐 가나안의 삶으로 나아가는 것입니다. 육신에 속한 삶에서 영에 속한 삶으로 변화되는 것입니다. 이렇게 되려면 반드시 두 개의 강을 건너야 합니다. 두 강을 건너지 않고 가나안 땅의 삶을 살 수 있는 길은 결코 없습니다.

만약 두 강을 건너지 않았다면, 그는 자기뿐 아니라 남도 힘들게 하는 메마른 광야의 가시나무처럼 살게 됩니다. 하지만 두 강을 건너게 되면, 당신의 가을 나무에 성숙의 열매가 맺힙니다. 그 열매로 남까지 풍요롭고 행복하게 됩니다. 지금 당신이 서 있는 땅은 어디인가요? 당신은 두 강을 건넌 자로 살고 있나요?

겨울

회복된 관계 안에 머무십시오
바랄 수 없는 것을 바라게 하시는 은혜
무력은 새 세상을 열 수 없습니다
사랑의 샤워를 받으며
삶의 땅에 하늘이 임하여
밤하늘의 반짝이는 별빛처럼

주님께서

"내게로 오라"고 부르신 것은

지금까지의 그릇된 관계를 떠나,

주님께서 십자가로 회복하신

하나님과의 바른 관계 안으로

들어오라는 초청입니다.

바른 관계 안에 들어갈 때만

비로소 참된 쉼과 평화가

있기 때문입니다.

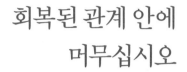

회복된 관계 안에
머무십시오

예수님 당시 유대 땅에서 살아가는 백성들은 로마와 유대 왕실이 부과하는 엄청난 세금의 짐을 지고 있었습니다. 수입의 절반 이상을 세금으로 내며 살았으니, 산다는 것 자체가 수고와 짐이었습니다. 생활의 짐만이 아니라 바리새인들이 부과한 율법의 짐도 지고 있었습니다. 누구도 지킬 수 없는 엄격한 율법을 강요당했으니, 종교는 그들에게 더 이상 해방과 자유가 아니었습니다.

백성들만 짐을 졌던 것이 아닙니다. 무거운 세금의 짐을 부과했던 로마와 유대 권력자들도 쾌락과 권력투쟁 속에 빠져 스스로 무거운 죄 짐을 지고 있었습니다. 바리새인들 또한 그릇된 율법 이해에 묶여 남에게 짐을 지우며 살면서, 동시에 자신의 양심과 마음에도 거짓된 위선적 삶이라는 짐을 지움으로써 참된 평안을 경험하지 못한 채 스스로를 무기력하게 만들었습니다.

모든 시대 모든 사람들은 사실 수고하고 무거운 짐 진 자들로 삽니다. 환경이 외부에서 부과하는 짐도 있지만, 죄와 욕망으로 자신이 자신에게 지우는 짐도 있습니다. 이렇게 수고하고 무거운 짐 진 자로 살아가는 모습들에서 얼마나 다양한 비극들이 연출되고 있나요?

하지만 그렇게 살게 만드는 삶의 뿌리는 따지고 보면 하나입니다. 그것은 바로 그릇된 관계입니다. 통치자와 백성들의 그릇된 관계, 사람과 사람 사이의 뒤틀린 관계, 자기와 자아와의 왜곡된 관계가 수고와 짐을 만드는 뿌리입니다. 이 뿌리를 그대로 두고서는 어떤 방식으로 쉼을 구한다 해도 결코 참된 쉼에 이를 수 없습니다.

복된 관계 안으로 들어가십시오

쉼이 없는 인생들을 향하여 주님께서 이렇게 말씀하셨습니다.

"수고하고 무거운 짐 진 자들아 다 내게로 오라 내가 너희
를 쉬게 하리라"마11:28

우리를 오라고 초청하시는 이 부름은 어떤 의미일까요?
아버지가 탕자에게 '내게로 오라'고 할 때의 의미는 아버지
와의 잘못된 관계를 떠나 회복된 관계 안으로 들어오라는
것입니다. 아버지와의 그릇된 관계를 지속하면서 쉼을 구하
려는 어떤 노력도 의미가 없기 때문입니다. 호세아가 고멜
에게 오라고 부르는 것도 그릇된 관계를 떠나 바른 부부의
관계로 들어오라는 초청입니다. 남편과의 잘못된 관계를 고
치지 않은 채로 행복을 추구하려는 수고는, 그것이 무엇이
든 아무런 소용이 없기 때문입니다.

마찬가지로 주님께서 "내게로 오라"고 부르신 것은 지금
까지의 그릇된 관계를 떠나, 주님께서 십자가로 회복하신
하나님과의 바른 관계 안으로 들어오라는 초청입니다. 바른
관계 안에 들어갈 때만 비로소 참된 쉼과 평화가 있기 때문
입니다.

생텍쥐페리의 『어린 왕자』에 이런 인상적인 대화 장면이
있습니다. 어린 왕자가 여우에게 "이리 와서 나와 함께 놀아
줘. 난 정말 슬퍼"라고 말합니다. 외로움이란 짐을 지고 있

었던 어린 왕자에게 여우가 이렇게 답합니다. "난 너와 함께 놀 수 없어." 의아한 어린 왕자가 그 이유를 묻자, 여우가 답합니다. "나는 길들여져 있지 않으니까." 대화를 통해서 어린 왕자는 '길들임'의 뜻을 깨닫습니다. 그것은 '관계를 만든다'라는 뜻이라고 여우가 답해줍니다.

작가는 고독과 외로움이란 짐을 지고 있는 이유를 관계의 부재absence에서 찾았습니다. 수많은 사람이 있어도 의미 있는 관계를 맺고 있는 한 사람이 없으면, 그는 군중 속에서도 고독합니다. 관계를 맺고 있다 해도 그 관계가 서로를 이용의 대상으로 삼는 관계라면, 또 서로에 대해 신실치 못한 관계라면, 그런 관계는 수고와 짐을 생산해 낼 뿐입니다. 참된 쉼은 신실한 누군가와의 의미 있고 바른 관계를 통해서만 오는 것입니다.

예수님께서 "내게로 오라"고 하신 초청은 우리를 많은 장미 중의 하나가 아니라 물을 주고 가꾸고 키우며 책임을 지는 유일한 하나의 장미로 삼는 관계로 초대하시는 것입니다. 예수님께 우리가 소중한 한 사람이 된 것처럼, 우리에게도 예수님께서 너무나 소중한 한 분이 되시는 그런 복된 관계로 부르시는 것입니다.

예수님을 영접함으로 그분과의 관계 속으로 들어가지 않

고, 예수님을 그저 사대성인 중의 한 분으로만 생각한다면, 참된 쉼은 없습니다. 독생자를 세상에 보내시기까지 우리를 사랑하신 하나님과의 복된 관계 안으로 들어가지 않고, 하나님을 그저 철학책에서 나오는 보통명사로만 생각한다면, 역시 거기에도 참된 쉼은 없습니다. 참된 쉼은 우리를 아시고 사랑하시는 예수님과의 복된 관계 안으로 들어갈 때만 비로소 시작됩니다. 그래서 주님께서 말씀하시는 것입니다. "수고하고 무거운 짐 진 자들이 다 내게로 오라"고.

복된 관계 안에 머무십시오

"내게로 오라"고 하신 주님께서는 이어서 이렇게 말씀하십니다.

"나의 멍에를 매고 내게 배우라 그리하면 너희 마음이 쉼을 얻으리니"마11:29

쉼이 없는 삶의 무거운 짐을 내려놓게 하신 주님께서 다시 멍에를 매라고 하십니다. 그래야 진정한 쉼이 있다는 것입니다.

우리는 쉼과 안식을 무엇을 벗는 것으로만 생각합니다. 그릇된 관계 속에 묶여 있으면 쉼을 빼앗깁니다. 잘못된 습관과 잘못된 관계에서 벗어나야 합니다. 하지만 잘못된 관계를 벗어난다는 것이 곧 관계 자체를 떠난다는 의미는 아닙니다. 우리는 관계를 떠나서는 존재할 수 없습니다. 그보다 바른 관계 안에 머물러야 합니다.

많은 사람 중에 한 사람과 의미 있는 헌신의 관계를 맺어 결혼하게 되었다면, 그 관계 안에 머물러야 합니다. 주님께서 "내게로 오라"고 하신 후, 다시 "나의 멍에를 매라"고 하신 것은 회복된 관계 안에 들어왔다면, 그 관계 속에 머물라는 말씀입니다.

주님과의 관계에 계속 머물러야 할 이유가 있습니다. 주님께서는 "마음이 온유하고 겸손"마11:29하시기 때문입니다. 누구와 관계를 맺을 때 그 대상이 누구냐에 따라 결과가 완전히 달라집니다. 나쁜 사람과 엮이면 평생 쉼을 잃어버리지만, 온유하고 겸손한 좋은 사람을 만나면 그 관계가 내 삶을 돕는 큰 힘이 됩니다.

주님보다 더 온유하고 겸손하신 분이 있을까요? 주님께서는 우리에게 안식을 주시기 위해서 우리의 죄 짐을 지시고, 제대로 꽃답게 피지 못한 우리를 그분의 유일한 장미꽃으로 삼으시는 분입니다. 그런 주님과의 관계 속으로 들어오게 되었다면, 그분과의 복된 관계 안에 계속 머물러야 하는 것은 너무나 당연한 일입니다.

주님께서 말씀하신 멍에의 일차적 의미는 바리새인들의 율법에 대한 그릇된 가르침과는 다른 주님의 참된 가르침입니다. 주님께서는 자신의 교훈은 바리새인들의 교훈과 달리 쉽고 가볍다고 하셨습니다.

"내 멍에는 쉽고 내 짐은 가벼움이라" 마11:30

이것은 주님의 가르침이 실제로 바리새인들의 교훈보다 수준이 낮거나 가벼워서가 아닙니다. 주님의 교훈이 쉽고 가벼운 것은 우리가 주님과의 바른 관계 속에 머물러 있기 때문입니다. 주님께서 우리에게 그분의 가르침을 지킬 수 있도록 힘을 주시기 때문입니다.

포도나무 가지는 자기 힘으로는 결코 열매를 맺지 못합니다. 하지만 그 가느다란 가지 끝에 수많은 탐스러운 열매를 맺게 하는 방법이 있습니다. 그것은 포도나무에 붙어 있는 것입니다. 그러면 열매는 저절로 맺힙니다.

"나는 포도나무요 너희는 가지라 그가 내 안에, 내가 그 안에 거하면 사람이 열매를 많이 맺나니 나를 떠나서는 너희가 아무것도 할 수 없음이라"요15:5

한 해의 목표

창세기는 하나님께서 엿새 동안 천지를 창조하시고 칠일째 안식하셨다고 말합니다. 안식하셨다는 것은 엿새 동안 일하신 하나님께서 피곤하셔서 쉬셨다는 의미가 아니라, 하나님께서 창조하신 모든 것이 창조된 본래의 관계 속에 있음으로 모든 것이 조화롭고 평화로웠다는 뜻입니다. 모든 피조물들이 안식하기 위해서는 반드시 창조된 본래의 바른 관계 안에 들어가 머물러야 합니다. 이것은 천지창조 이후로 결코 바뀌지 않은 하나님의 법칙입니다.

오늘날 우리에게 쉼이 없는 이유가 무엇일까요? 바쁘기 때문일까요? 일의 양이 많아서일까요? 근본적인 이유는 창조된 본래의 관계를 떠나 있기 때문입니다. 그 잘못된 관계에 계속 머물러 있기 때문입니다. 잘못된 관계에 머무는 한 우리는 그 어디서도 쉼을 찾을 수 없습니다.

산다는 것이 수고요 무거운 짐을 지고 가는 것이란 말이 더욱 실감나게 체험되는 오늘의 현실입니다. 이런 스트레스를 주는 상황을 벗어나고자 노력하지만, 그릇된 관계를 벗어나지 않는 한 그 어디에도 참된 쉼은 없습니다. 그릇된 관계 자체가 짐이고 수고이며, 하나님과 깨어진 관계가 곧 모든 수고와 짐을 만드는 뿌리가 됩니다.

그러므로 쉼을 얻기 위해 특별한 곳으로 가거나, 현재의 상황을 벗어나려고 생각할 것이 아닙니다. 지금 내가 서 있는 이곳에서 더욱더 하나님과 복된 은혜의 관계 안으로 들어가야 합니다.

기도와 말씀으로 주님과의 관계 안으로 더 깊이 들어가십시오. 큐티를 통해서 관계의 풍성함에 거하도록 힘쓰십시오. 지금 이곳에서 하나님을 주로 모시고, 지금 이곳에서 주님을 목자로 따르고, 주님과의 바른 관계 안에 계속 머물고 또 머무십시오. 다가올 한 해의 가장 중요한 목표가 회복된 주님과의 관계 안에 머무는 것이 되게 하십시오. 그래서 그 관계가 가족과 교인과 이웃과의 관계를 회복하게 하십시오.

주님과의 관계 안에 거함으로, 세상이 주는 것과 다른 주님의 평안요14:27을 체험하면서 새해의 땅을 걸어갈 수 있기를 바랍니다.

믿음은
바라는 것들의 실상입니다.
그런데 그 '바라는 것'이
무엇일까요?
그것은 이 땅에서는
바랄 수 없는 '천국'입니다.
믿음은 그 '천국'을
이 땅에서 바라보며
살아가는 여정입니다.

바랄 수 없는 것을
바라게 하시는 은혜

우리는 모두 바라는 것이 있고, 이 땅에서 성취하고 싶은 것이 있습니다. 그 바라는 것을 이루는 것은 기분 좋은 일이고, 이를 두고 성공이라 합니다. 하지만 이 땅에서 바랄 수 있는 것을 이루는 것도 중요하나, 이 땅에서 바랄 수 없는 것을 끝까지 붙드는 것이 더 소중하다는 것을 알아야 합니다.

이 땅에서는 바랄 수 없지만 포기할 수 없는 꿈이 있습니다. 그것을 유토피아라 부릅니다. 사랑과 정의가 균형을 이루는 사회, 자유와 평등이 충족되는 사회, 놀이와 일이 하나가 되는 사회, 이런 것들은 이 땅에서는 온전히 이루어질 수 없지만, 그렇다고 아무런 의미가 없는 것은 아닙니다.

마틴 루터 킹 목사가 살았던 당시를 생각해 보십시오. 당시로서 흑백평등은 '바랄 수 없는 꿈', '바라서도 안되는 불온한 꿈'이었습니다. 그러나 킹 목사의 그 꿈은 당시 미국이 가야 할 방향을 알려주는 북극성과도 같았습니다. 지금도 마찬가지입니다. 바랄 수 없는 것을 바라는 것이 중요한 것은 그것이 현실의 나아갈 방향을 알려주기 때문입니다.

바랄 수 없는 것이 소중한 또 하나의 깊은 이유가 있습니다. 혹시 이 땅에서 바라는 것을 이룬 사람들이 있나요? 그렇다면 그들에게 물어보십시오. 실제로 바라던 꿈을 이루었다고 하는 사람은 그 지점에서 그 이상의 무엇을 다시 바라게 됩니다. 돈을 많이 가진 사람은 권세를, 권세를 가진 사람은 최고의 사랑을, 최고의 명예를, 나아가 영생불사를 추구합니다. 동물들은 배만 부르면 만족하지만, 사람들은 아무리 바라는 것을 이룬다 해도 다시 그 이상의 무엇에 목말라 합니다. 이것이 인간의 모습입니다.

이런 인간의 모습을 보고 실망했다고, 인간은 어쩔 수 없는 욕망덩어리라고 한탄하시나요? 그러나 욕심이 끝이 없는 존재가 바로 당신과 나를 포함한 인간의 실상입니다. 이런 인간의 모습을 보면서 비난하기만 할 건가요? 아닙니다. 우리는 이런 인간의 모습을 보고 보다 깊은 질문을 던질 수 있어야 합니다. 왜냐하면 이 모습은 인간이 누구인지, 인간이 무엇을 위해서 창조되었는지를 엿보게 해주는 창조의 틈새이기 때문입니다.

결코 만족하지 못하는 모습은 인간이 본래 이 땅의 것으로는 만족할 수 없는 존재로 창조되었다는 것을, 인간은 하나님을 만나도록 창조된 존재라는 것을 말해줍니다. 인간은 진정한 만남, 진정한 고향을 위해서 창조되었습니다. 바랄 수 없는 것을 바라는 것이 중요한 것은 이것이 인간이 누구인지를 보여주기 때문입니다.

그 너머

갈대아 우르에 살고 있었던 아브라함에게 하나님께서 나타나셨습니다. 그리고 그 땅을 떠나 한 번도 보지 못한 땅으로 가라고 하셨습니다. 고대 사회에서 고향을 떠난다는 것은 매우 위험한 일이었고, 보장할 수 없는 미래에 운명의 주사위를 던지는 일이었습니다. 그가 본토를 떠나 약속의 땅을 얻는다는 것은 그로서는 도저히 바랄 수 없는 것이었습니다. 하지만 그는 마침내 약속의 땅에 가게 되었고, 믿음의 조상이 되었습니다.

약속의 땅에 이르게 되었다는 것은 얼마나 감격적이고 흥분되는 일인가요! 필생의 목적을 이룬 것과 같습니다. 그런데 이상합니다. 약속의 땅에 도착한 그는 바로 그곳에서 어떤 영적 직감을 얻게 됩니다. 그것은 약속의 땅이란 목적지에서, 그곳이 하나님께서 그를 이끌고자 한 최종 목적지가 아니라는 것을 알게 된 것입니다.

그래서 그는 "이방의 땅에 있는 것 같이 약속의 땅에 거류"히11:9했습니다. 약속한 땅에서 주인처럼 살지 않고 도리어 "이삭과 야곱과 더불어 장막에 거하면서"히11:10 나그네처럼 살아갔습니다. 약속의 땅에서 다시 떠날 것을 생각하고, 또 한 번의 이사를 꿈꾸고 있었던 것입니다. 왜 그랬을까요?

그것은 약속받은 땅이란 일차적 목적지에서 그곳을 넘어선 그다음 최종 목적지를 다시 보았기 때문입니다. 그곳은 "하나님이 계획하시고 지으실 터가 있는 성"히11:10이었습니다. 세상에서 목적하는 바를 이루고 성취했지만, 그 성취의 자리에서 그는 자신이 정말 바라는 것이 무엇인지 다시 보게 되었습니다. 곧 옛 고향인 갈대아 우르를 떠나 새 고향인 가나안에 이르는 여정을 통해서, 삶이란 옛 고향인 이 땅에서 하나님께서 예비하신 참 고향으로 가는 순례의 여정임을 깨닫게 된 것입니다. 약속의 땅으로 오면서 약속의 하늘로 가는 순례의 길을 다시 보게 된 것입니다.

아브라함이 갈대아 우르를 떠나 가나안으로 가는 이야기, 모세가 애굽을 떠나 가나안으로 가는 이야기, 이런 성경의 원형적 이야기들이 주는 깊은 뜻이 무엇일까요? 바랄 수 없었던 곳에 이르렀던 그들이 그곳에서 다시 무엇인가를 바라게 되는 이 이야기들은 오늘날 우리에게 인생의 방향에 대해서, 그리고 인간이 누구인지에 관해서 무엇을 말해 주는 것일까요?

본향

우리가 태어난 곳을 고향이라고 부릅니다. 우리에게는 그런 고향이 있습니다. 어쩔 수 없이 우리는 죽을 때 우리가 태어난 땅이라는 고향으로 돌아갑니다. 그러나 그곳이 참 고향일까요? 아브라함이 자신의 고향을 찾기 위해서 갈대아 우르로 돌아가서는 안되었듯이, 우리는 태어난 땅을 돌아가야 할 고향으로 생각해서는 안 됩니다. 우리의 진정한 고향은 과거에 있지 않고 미래에 있습니다. 아래에 있지 않고 위에 있습니다.

믿음의 여정은 미래의 참 고향을 향하여 나아가는 것입니다. 아브라함이 그랬고, 또 다른 믿음의 사람들이 그랬습니다. 그들은 "더 나은 본향을 사모"히11:16하면서 "땅에서는 외국인과 나그네임을 증언"히11:13했습니다. 그들은 다 "본향 찾는 자"히11:14들이었습니다.

"믿음은 바라는 것들의 실상"히11:1입니다. 그런데 그 "바라는 것"이 무엇일까요? 그것은 이 땅에서는 바랄 수 없는 '천국'입니다. 믿음은 그 '천국'을 이 땅에서 바라보며 살아가는 여정입니다. 파스칼은 『팡세』에서 이렇게 말했습니다.

> 우리는 계속 현재에 대해서 생각하기 때문에 우리의 상상력은 현재를 너무나 과장한다. 그러면서 우리는 영원에 대해서는 생각하지 않기 때문에 영원은 축소된다. 그 결과 우리는 영원을 무가치한 것으로, 무가치한 것을 영원으로 바꾸어 놓는다.

다시 겨울입니다. 삭막한 계절의 끝자락에서 계절의 종말을 보는 사람이 있고, 그곳에서 다시 계절의 새로운 시작을 보는 사람이 있습니다. 인생의 겨울 저 너머에 하나님께서 예비하신 영원한 봄이 있습니다. 봄 같은 천국을 실상으로 바라보면서 겨울 같은 이 땅을 걷는 자들을 믿음의 순례

자라 부릅니다.

　겨울의 얼어붙은 땅이란 현실만 보지 말고, 봄의 찬란한 영광을 마음에 담고 차가운 땅을 뜨거운 마음으로 걸어갑시다. 또한 이런 믿음의 순례자들을 응원하는 하늘의 관객이 있음을 잊지 맙시다히12:1. 믿음은 바랄 수 없는 천국을 바라게 하시는 은혜입니다. 그곳을 향한 당신의 순례의 여정에 오늘도 축복이 있기를 바랍니다.

" 오늘날도 교회가

힘을 가져야 한다고

믿는 사람들이 많습니다.

하지만 그것은 착각입니다.

힘을 가지고

세상을 복음화할 수 있는 것이 아닙니다.

진정으로 세상을 바꾸는 것은

외형적인 힘이 아니라,

하나님의 뜻을 따르는 삶과

하늘의 향기를 풍기는 인격과 성품에서

나오는 내적인 힘입니다. "

무력은 새 세상을
열 수 없습니다

우리는 여러 가지 시험을 만나며 삽니다. 그런 시험들은 우리를 삶의 바른 목적과 바른 길에서 벗어나게 합니다. 크고 작은 일에서 늘 겪는 이런 시험에 넘어지면, 종종 치러야 할 대가가 큽니다. 그래서 주기도문은 "시험에 들게 하지 마옵소서"라고 매일 기도하라고 가르칩니다.

예수님께서도 광야에서 시험을 받으셨습니다. 사탄이 시험한 목적은 예수님을 메시아적 사명과 길에서 벗어나게 하려는 것이었습니다. 만약 예수님께서 이 시험에서 넘어지셨다면 인류 구원이라는 엄청난 사명은 어떻게 되었을까요? 예수님께서 당하신 시험은 세 가지였습니다. 돌을 빵으로 만들라는 시험, 성전에서 뛰어내리라는 시험, 그리고 산 정상에서 천하만국을 보여주며 유혹하는 시험이었습니다.

예수님께서는 이 시험들을 다 이기셨습니다. 그런데 우리는 예수님께서 만나신 시험들의 무게와 깊이를 제대로 알지 못할 때가 많습니다. 그 시험들의 내용이 무엇인지 바로 알 때, 예수님께서 이 땅에 이루시려는 하나님 나라가 어떠한 것인지에 대해 눈이 열리게 되고, 이 세상 속에서 역사하는 사탄의 간교한 유혹의 정체가 무엇인지를 간파할 수 있습니다.

식지 않는 메시아 열망

예수님 당시 이스라엘은 로마 제국 치하에 있었습니다. 이른바 '로마의 평화'를 구가하던 시대였으나, 그 땅은 결코 평화롭지 않았습니다. 특히 유대 땅이 그러했습니다. 일찍이 유대 백성들은 바벨론 포로기를 끝내고 돌아와 성전을 재건했지만, 그 성전은 헬라의 안티오쿠스라는 왕에 의해서 크게 모독을 받았습니다. 이에 유대인들은 분노하여 마카비 전쟁을 일으켰고, 유대는 독립을 잠시 이루었습니다. 하지만 얼마 가지 못해 유대는 다시 로마의 지배하에 들어가게 되었습니다.

로마 지배하의 상황은 매우 어려웠습니다. 절대 다수의 빈곤, 과중한 세금, 로마의 폭력, 친 로마적 유대 왕들의 자극적 처신 등이 삶을 매우 힘들게 했고, 이로 인한 군중들의 분노가 이곳저곳에서 폭동으로 불거져 나왔습니다. 로마는 그런 저항 세력들을 가차 없이 십자가형에 처했습니다.

예수님 탄생 전후 50년 사이에 무려 30번이 넘는 저항 운동이 발생했고, 대규모 저항 운동도 7회나 일어났습니다. 이때 자칭 예언자라는 이들, 메시아라는 이들도 일어났고, 도적 집단들도 나타났습니다. 주후 66-70년에 일어난 역사상 가장 참혹한 전쟁으로 알려진 유대-로마 전쟁으로 헤롯 성전이 무너지기까지, 그 땅에서 로마의 폭력과 유대 백성의 폭동이라는 악순환은 그치지 않았습니다. 그만큼 예수님 당시의 유대 땅은 늘 혁명과 저항의 열기로 붉게 달아올라 있었습니다.

이런 상황 속에서 유대 백성들은 점점 더 강렬한 메시아 갈망을 가졌는데, 그들이 생각한 메시아는 강력한 정치 군사력을 가지고 지중해 세계를 지배하는 왕이었습니다. 이스라엘을 정상에 세워 온 세계에 권세를 휘두르게 해주는 왕, 하나님의 심판을 중동 지역의 제국들에 퍼붓고 세계의 중심

축을 로마에서 예루살렘으로 옮겨주는 왕, 산처럼 높은 곳
에서 통치하는 강력한 힘을 가진 왕이었습니다.

높은 산 위에 서서

메시아 열망이 가득한 유대 땅에서 사탄은 예수님을 높
은 산 정상에 세웁니다. 그리고는 천하만국을 보여주며 이
렇게 말합니다.

"이 모든 권위와 그 영광을 내가 네게 주리라 … 네가 만
일 내게 절하면 다 네 것이 되리라"눅4:5-7

사탄은 무엇으로 예수님을 유혹한 것일까요? 흔히 사람
들이 생각하듯 명예와 권력욕이 예수님께 그렇게 큰 유혹이
되었을까요?

높은 산 정상에 오르면 도시가 저만치 아래로 내려다보
입니다. 보이는 그 많은 건물들과 아파트들을 볼 때, 우리는
주로 무슨 생각을 하게 되나요? 사람에 따라서 세상을 호령
하는 권력을 거머쥐고 싶다는 마음을 갖는 사람도 있을 것

입니다. 하지만 대부분 도시를 내려다볼 때 드는 첫 생각은, 산 아래에서 마치 전쟁하듯 살아가는 무수한 사람들의 모습과 그들이 겪는 희로애락일 것입니다. 그리고 그렇게 살아가는 삶에 대한 성찰일 것입니다.

예수님께서 예루살렘이라는 도시를 내려다보실 때, 그 도시는 실로 전쟁터 같은 곳이었습니다. 거기서 주님께서는 그 도시를 내려다보시면서 무엇을 생각하셨을까요? 분명히 그 속에서 폭력에 의해 짓밟히고 빼앗기고 희생된 백성들의 고통과 눈물을 생각하셨을 것입니다. 존 하워드 요더도 『예수의 정치학』IVP, 2007이라는 책에서, 예수님께서는 메시아요 하나님의 사명을 이루어야 할 종으로서 이 백성들을 향한 사회적 책임을 행사해야 한다는, 그런 도덕적 의무감에 직면하셨을 것이라고 말했습니다.

그런데 이런 생각을 하고 있던 예수님께, 사탄은 그 책임을 감당할 수 있게 하는 길을 열어주겠다고 제안합니다. 곧 뒤틀린 이 세상을 쉽게 바꿀 수 있게 하는 길을 보여주겠다는 것인데, 여기에 사탄의 은밀한 유혹이 있습니다.

사탄은 이렇게 말합니다.

"만약 내게 엎드려 경배하면 이 모든 것을 네게 주리라"

마4:9

사탄에게 엎드려 경배한다는 말이 무슨 의미일까요? 사탄을 하나님으로 예배한다는 말일까요? 예수님께서 어떻게 사탄 앞에 절하실 수 있을까요? 지금 사탄은 예수님께, 자신이 세상을 다스리는 방식을 따른다면 쉽게 세상을 정복할 수 있다고 말하는 것입니다. 그것이 무엇일까요? 바로 무력과 폭력입니다. 다시 말해 제도적 폭력을 메시아적 통치 방식으로 삼으라는 것입니다. 무력과 폭력의 방식으로 세상을 바꾸고 변화시키는 메시아의 사명을 이루라고 유혹하는 것입니다.

가만히 보면 역사 속에 무수히 많은 나라가 바뀌고 정권이 바뀌었지만, 무력과 폭력의 방법은 바뀌지 않았습니다. 권력을 쥔 사람과 정권만 바뀌었을 뿐입니다. 사탄은 예수님께서도 세상을 다스리는 왕이 되시되, 이런 무력의 틀 안에서 하시라고 유혹하는 것입니다. 무력으로 로마와 부패한 유대 정권을 제거하여 새로운 정치적 국가를 이루는 것이 백성들의 지지를 받는 가장 확실한 방법이기 때문입니다.

폭력은 폭력을 낳고

하지만 예수님께서는 그런 사탄의 제안을 받지 않으셨습니다. 그 길을 선택하면 잠시는 예수님께서 왕으로 세상을 지배하실 수 있었겠지만, 사탄의 방식 자체는 바뀌지 않았을 것입니다. 폭력적 지배가 세상 통치의 방식 안에서 이루어지면, 폭력으로 얼룩진 세상 또한 근본적으로는 바뀌지 않을 것입니다.

사실 예수님께서 유대 애국지사들의 무리에 가담하셔서 폭력적 방식으로 로마의 지배를 물리치시는 것이 유대인들의 아픔을 해결하는 현실적인 방법이었을지도 모릅니다. 그러나 만약 이스라엘이 로마와 싸워 엄청난 피를 흘리고 승리하게 되었다면, 언젠가 로마가 다시 이스라엘을 향해 무력을 행사하게 되었을 것입니다. 폭력은 폭력을 부르는 법입니다. 사탄의 방식인 무력으로 통치하는 한, 누가 정권을 잡든, 결국 궁극적으로 사탄의 손아귀에서 놀아나는 것일 뿐입니다.

새로운 세상을 가져오고자 하신 메시아께서 옛 세상에 속한 폭력의 방법을 사용하실 수 있었을까요? 무력을 사용하는 것은 무력과 폭력의 세상을 바꾸는 길이 아니라 오히려 폭력적 세상을 더욱 영속화시키는 길이며, 이는 사탄의 세상 장악력을 더 강하게 만들 뿐임을 주님께서도 아셨습니다.

부활, 하나님의 도장

이에 예수님께서 사탄에게 이렇게 답하십니다.

"주 너의 하나님께 경배하고 다만 그를 섬기라"마4:10; 눅4:8

메시아적 사명을 오직 하나님의 뜻에 따라 행하시겠다는 것입니다. 폭력과 무력의 방식이 아니라 평화와 비폭력의 방식으로. 십자군의 방법이 아닌 십자가의 방법으로.

주님께서는 하늘의 천군 천사도 동원하실 수 있으셨습니다. 하지만 "칼을 가지는 자는 다 칼로 망하느니라"마26:52고 하시면서 모든 폭력 사용을 금지하셨습니다. 원수를 사랑하고 저주하는 자를 축복하라고 하시며, 490번이라도 용서하라고 가르치셨습니다. 그리고 친히 평화의 길, 비폭력의 길, 용서의 길을 묵묵히 걸어가시다가, 폭력에 의해 희생당하셨습니다. 그리고 십자가에서 고문과 모욕과 폭행을 당하시면서도 용서하셨습니다.

이렇게 예수님께서는 십자가에서 죽으셨습니다. 그런데 십자가에서 죽으신 예수님을 하나님께서 부활시키셨습니다. 예수님께서 걸으셨던 메시아의 길, 그 비폭력과 사랑의 길이 곧 하나님께서 기뻐하신 길임을 인정하신 것입니다. 하나님의 나라와 새 세상이 오는 길은 무력이나 폭력이 아니라, 오직 평화와 사랑의 길이어야 함을 십자가와 부활이 증명한 것입니다.

십자군과 십자가

예수님께서 받으신 시험을 우리도 받습니다. 가정에서 가장이 종종 쉽게 취하는 것이 힘의 방식입니다. 신체적 혹은 언어적 폭력을 통해서 집안을 잠잠하게 만들려고 합니다. 그것이 빠르고 쉬운 길이기 때문에 종종 그렇게 하고 싶은 유혹에 빠집니다. 그러나 그것이 답이 될 수는 결코 없습니다. 가족들 사이에서 이에 대한 불만이 누적되고 상처가 깊어져, 언젠가 다른 형태의 문제로 터져 나오게 됩니다. 대화와 사랑의 길로 패러다임을 바꾸지 않는 한 문제는 결코 해결되지 않습니다.

일찍이 중세 교회는 잃어버린 성지를 탈환해야 한다는 명분을 십자군을 통한 폭력의 방법으로 이루려고 했지만 실패했습니다. 그 결과 그 땅이 기독교화되기는커녕 오히려 이교도들의 분노와 증오만 낳았고, 전쟁에 참가했던 기독교도들마저 그 정신과 신앙을 잃어버리고 말았습니다.

현대 교회도 비슷한 유혹을 받습니다. 문제를 만나게 되면 십자가를 지는 것이 아니라 십자군을 만들어 힘으로 해결하려고 합니다. 숫자로, 재정으로, 규모로, 세상 법정에 호소하고, 물리력을 사용하려고 합니다. 그러나 십자군을 통한 방식은 더 많은 것을 잃게 만들고, 우선은 이기는 것 같지만 결국 지게 되는 경우가 더 많습니다.

예수님께서는 하나님 나라가 권력이나 힘이 아니라, 모든 신자가 각자 하나님의 뜻에 순종하는 진실한 삶으로 이루어지는 것임을 아셨습니다. 그래서 힘을 사용하라는 사탄의 시험에 대하여 "오직 하나님만을 섬기라"고 대답하신 것입니다.

오늘날도 교회가 힘을 가져야 한다고 믿는 사람들이 많습니다. 그런 힘을 가져야 복음 사역을 잘할 수 있다고 여깁니다. 하지만 그것은 착각입니다. 힘을 가지고 세상을 복음화할 수 있는 것이 아닙니다. 진정으로 세상을 바꾸는 것은 외형적인 힘이 아니라, 하나님의 뜻을 따르는 삶과 하늘의 향기를 풍기는 인격과 성품에서 나오는 내적인 힘입니다. 세상은 교회가 힘을 사용하는 것에 대해서는 반발하지만, 힘을 사용하지 않고 오히려 낮아지는 희생의 모습을 볼 때는 감동을 받고 하나님을 믿게 됩니다.

예수님께서 격동의 유대 땅에서 폭력과 무력의 방식이라는 유혹에 직면하셨듯이, 우리도 이 한반도라는 광야에서 폭력과 증오의 방식에 대한 유혹을 받습니다. 가정과 사회와 정치와 경제, 그리고 통일에서도 무력과 힘에 의지하라는 유혹에 넘어가기 쉽습니다. 이 세상이 곧 광야입니다. 광야에서 시험을 만날 때, 예수님을 다시 생각해야 합니다.

겨울입니다. 겨울의 나라는 폭력과 무력이 지배하는 나라입니다. 이런 겨울 나라를 녹이는 것은 사랑이고 평화의 온기입니다. 아무리 추운 겨울이라도 사랑과 평화의 길을 걷는 사람들이 많아지면, 반드시 따뜻한 봄이 올 것입니다.

"우주 가운데

가장 위대한 사랑이 있다면,

그것은 하나님께서

인간을 만들기로 하신

창조의 결정입니다.

우리는 최고의

예술가요 지혜자의

작품일 뿐 아니라,

가장 빛나는

사랑의 대상입니다."

사랑의 샤워를 받으며

무를 향한 창조주의 말씀, "빛이 있으라." 빛이 어둠에 비쳤습니다. 혼돈과 공허의 바다 위에 부는 강력한 창조주의 입김. 땅이 바다에서 올라왔습니다. 다시 말씀하시매, 바닷속과 땅 위에 생명체가 탄생했습니다. 전율이 느껴지는 장엄한 창조, 창조주께서도 "보시기에 좋았더라"고 경탄했던 창조, 그 창조가 계획에 따라 진행되고 있었습니다.

그런데 거대한 창조 작업의 완성을 하루 앞두고 하나님의 중대한 의논이 있었습니다. 건축 소음이 아직도 여전한 복잡한 건축 현장에서 최종 완공을 앞두고 주요 인사들이 회의하듯이 말입니다.

"하나님이 이르시되의논하시되 우리의 형상을 따라 우리의
모양대로 우리가 사람을 만들고 … 모든 것을 다스리게
하자"창1:26

최종적으로 확정해야 하는 중요한 사안 때문이었습니다.
바로 인간 창조였습니다.

지금까지 각각 종류대로 동물들이 창조되었습니다. 그들
은 법칙과 본능에 따라 움직이는 존재들이었습니다. 하지만
인간은 자유를 따라 움직이는 존재입니다. 언어로 하나님과
교제할 수도 있고, 창조세계 안에서 이차 창조를 할 수도 있
으며, 흙이지만 그 속에 하나님의 영을 담고 있는 존재입니
다. 실로 창조의 꽃이며 절정인 이런 인간 창조를 앞두고 있
었기에 창조 중간에 다시 의논이 필요했던 것입니다.

그러면 천상 회의의 의논 내용은 어떤 것이었을까요? 성
경의 교리에서 벗어나지 않는 한에서 다음과 같이 상상할
수 있습니다.

"우리는 본능이 아니라 자유를 따라 움직이는 인격적인
존재를 창조할 것입니다. 자유를 가진 이들은 우리의 형
상을 따른 존귀하고 영광스러운 존재가 될 것입니다."

"성부여, 그들이 자유로 순종을 선택하여 영생의 높은 생명으로 나아가기를 바라지만, 거역을 선택하여 낮은 생명으로 떨어질 수도 있지 않습니까! 그들에게 자유는 특권이지만 너무 큰 위험이기도 합니다."

"성자여, 하지만 그것이 없이는 인격적 존재나 우리를 닮은 형상이 될 수도 없지 않습니까!"

"성부여, 그들이 우리들처럼 말을 사용할 것인데, 말로 진리를 깨닫고 표현할 수도 있지만, 그것으로 거짓을 말하고 우상을 만들 수도 있습니다. 동물과 다른 언어도 역시 특권이면서 위험입니다."

"하지만 이런 언어 능력이 없다면 그들이 세상을 다스릴 능력을 갖지 못하게 됩니다."

"그렇지만 그들이 창조세계를 잘 다스릴 수도 있으나 망쳐버릴 수도 있습니다. 인간 창조는 실로 엄청난 모험입니다."

하나님께서는 누구보다 잘 알고 계셨습니다. 창조계에 자율적 존재를 창조하면 그 존재 때문에 이 세계가 인격적 우주는 되겠지만, 그로 인해서 세계가 엉망이 될 수도 있다는 것을. 창조계가 빛날 수도 있겠지만, 망쳐질 수도 있다는 것을. 그럼에도 불구하고 천상 회의는 결국 인간을 창조하는 쪽으로 결론이 났습니다.

이런 위험을 알고 있었음에도 불구하고 인간 창조를 결정하신 깊은 이유는 무엇일까요? 그렇게 할 수 있었던 까닭이 무엇일까요? 신약에 기록된 천상 회의의 또 다른 회의록을 펼쳐 봅시다.

> "찬송하리로다 하나님 곧 우리 주 예수 그리스도의 아버지께서 그리스도 안에서 하늘에 속한 모든 신령한 복을 우리에게 주시되 곧 창세 전에 그리스도 안에서 우리를 택하사 우리로 사랑 안에서 그 앞에 거룩하고 흠이 없게 하시려고 그 기쁘신 뜻대로 우리를 예정하사 예수 그리스도로 말미암아 자기의 아들들이 되게 하셨으니"엡1:3-5

삼위 하나님께서 인간에게 하늘의 신령한 복을 주시기로, 그를 거룩하고 흠이 없게 하시기로, "하나님의 아들"이 되게 하시기로 작정하셨는데, 이러한 성부의 사랑의 결정이 가능했던 것은 성부께서 "그리스도 안에서" 우리를 택하셨기 때문입니다.

그러면 "그리스도 안에서" 인간을 창조하시기로 결정하셨다는 말이 어떤 뜻일까요? 다시 하나님의 회의장입니다.

"우리가 우리를 닮은 존재를 창조하여 그로 하여금 세상을 다스리게 합시다."

"성부여, 인간은 그들을 향한 영광스러운 계획을 모르고 자유로 죄를 지을 것입니다. 하지만 그렇다고 해서 이 계획을 취소하지 마소서. 제가 인간이 되겠습니다. 그리고 제가 인간의 죄를 지고 그 죄의 벌을 받겠습니다. 인간 창조의 이 고귀한 뜻을 이루기 위해서 제가 대가를 치르겠습니다."

"성부여, 십자가를 보고도 인간들은 완악하고 교만해서 성부의 사랑에 쉽게 응답하지 않을 것입니다. 사랑의 초청장을 수없이 보내도 휴지통에 던져 버릴 것입니다. 그럴지라도 이 영광스러운 작정을 계속하십시오. 제가 거절당할 수모에도 불구하고 그들 마음의 문을 계속 두드리겠습니다. 그들이 문을 열면 그들의 완고하고 부패한 마음의 방 안에 계속 머물겠습니다. 그 안에서 종처럼 무시당해도 그들의 마음속에서 탄식하며 울겠습니다. 그들이 성부의 사랑에 응답하기까지 기도하겠나이다."

성부의 사랑의 계획과 성자의 희생의 결단과 성령의 겸손한 섬김이 없었다면, 이 땅에 인간이란 존재는 없었을 것입니다. 우주 가운데 가장 위대한 사랑이 있다면, 그것은 하나님께서 인간을 만들기로 하신 창조의 결정입니다. 성자께서는 사랑의 약속을 지키시기 위해 십자가의 길을 걸으셨습니다. 성령께서는 지금도 우리 안에서 일하고 계십니다. 지금도 그 사랑의 행진은 계속되고 있습니다.

도로시 세이어즈의 말처럼 "하나님에게 창조의 행동은 곧 사랑의 행동이었습니다." 하나님께서는 사랑에 눈이 머셨습니다. 인간으로 이 땅에 존재한다는 것 자체가 이미 사랑을 받고 있는 것입니다. 우리는 최고의 예술가요 지혜자의 작품일 뿐 아니라, 가장 빛나는 사랑의 대상입니다. 우리는 적당히 살다가 죽는 존재가 아닙니다. 너무 비싼 대가가 지불되었습니다.

새해를 맞이합니다. 새로운 계획, 새로운 꿈을 준비하시나요? 그러나 그것들보다 당신은 지금 있는 모습 그대로 이미 사랑을 받고 있는 존재임을 기억하는 것이 더 중요합니다. 당신은 창조된 모습 그대로 이미 하나님의 사랑을 받고 있습니다. 새해에 가장 중요한 것은 나의 결심과 각오가 아니라, 오늘도 나를 향한 하나님의 변함없는 사랑을 다시 확인하는 것입니다.

인간으로 존재한다는 것은 이미 하나님의 사랑을 받고 있는 것입니다. 눈부신 태양의 빛 줄기를 받으며 걸을 때,

온몸에 비를 맞으며 걸을 때, 내 위에 쏟아붓는 창조주 하나님의 사랑의 샤워를 받고 있다고 생각하십시오. 새해에도 하나님께서 여전히 당신을 사랑하십니다. 하나님께서 당신을 향한 목적을 이루어가실 것입니다. 그 사랑의 하나님을 붙잡고 가십시오.

"사람이 무엇이기에 주께서 그를 생각하시며 인자가 무엇이기에 주께서 그를 돌보시나이까 그를 하나님보다 조금 못하게 하시고 영화와 존귀로 관을 씌우셨나이다 주의 손으로 만드신 것을 다스리게 하시고 만물을 그의 발 아래 두셨으니"시8:4-6

하나님의 사랑이 지금 여기 우리와 함께 있습니다.

" 하나님께서는

성전이란 고정된

한 장소에 계시지 않고,

이동용 성막처럼

삶의 길 위에 계십니다.

참 성전은

'길 위의 움직이는 성막'으로 존재합니다.

주님의 이름으로 모인

교회 공동체는

하나님의 살아 있는 성전입니다. "

삶의 땅에
하늘이 임하여

이 성전을 헐라

예루살렘을 여행해 본 사람은 그 땅을 걸었던 주님을 생각하며 큰 감동을 받지만, 동시에 옛 성전터에 회교 사원인 모스크가 세워져 있다는 사실에 충격을 받기도 합니다. 그래서 '어떻게 성전터에 모스크가 세워질 수 있을까? 왜 하나님께서는 성전이 파괴되도록 하신 것일까? 하나님께서 원하시는 성전은 따로 있단 말인가?'라는 질문들이 생깁니다.

사실 성전은 성경을 여는 키와 같기에, 성전의 의미를 바로 알아야 성경이 열리고 바른 신앙에 이르게 됩니다. 이런 점에서 성전의 의미를 바로 아는 것이 매우 중요합니다.

성전건축은 원래 다윗의 마음에서 시작되었습니다. 왕의 보좌가 있는 왕궁을 잘 건축한 이후, 다윗은 "여호와의 언약궤 곧 우리 하나님의 발판을 봉안할 성전을 건축할 마음"대상 28:2을 가졌습니다. 언약궤가 '하나님의 발판'이라면, 이 언약궤라는 발판 위에 하나님의 왕좌가 있다는 뜻인데, 다윗은 바로 그 하나님의 왕좌를 둘 성전을 지어야 한다고 생각했던 것입니다. 이렇게 다윗의 마음에서 시작된 성전이 솔로몬에 의해 완성됩니다.

솔로몬 성전은 당대 최고의 건물이었습니다. 그런데 성전 완공 이후 얼마 지나지 않아 이스라엘은 남북으로 나뉘지고, 그 결과 유다 백성들만 예루살렘 성전에서 제사를 드렸고, 북 이스라엘 백성들은 남 유다 땅에 속한 예루살렘으로 오지 못하고 산당에서 제사를 드리게 됩니다. 이후 북 이스라엘이 앗시리아에게 망하고, 남 유다가 바벨론에게 망하면서 예루살렘 성전도 함께 파괴됩니다. 주전 586년, 솔로몬 성전은 이렇게 허물어졌습니다.

바벨론에 잡혀갔던 유다 백성들이 포로기 70년을 보낸 후 페르시아 제국이 시행한 관용 정책의 일환으로 고향에 돌아오게 됩니다. 이 귀환 백성들이 무너진 성전을 재건하는데, 스룹바벨이란 지도자가 중심이 되어 재건했다 해서

스룹바벨 성전이라 부릅니다. 하지만 이 성전도 주전 63년에 로마에 의해 허물어집니다.

이후 로마가 유대를 통치하게 되고, 이방인 출신 헤롯 왕이 유대인의 민심을 얻기 위해 성전을 대규모로 짓습니다. 이것이 헤롯 성전입니다. 이 성전은 예수님 당시에 여전히 건축 중이었는데, 성전이 완성된지 얼마되지 않은 주후 70년경 로마에 의해 다시 파괴되고, 지금은 '통곡의 벽'이라 불리는 서쪽 벽만 남았습니다. 이렇게 헤롯 성전도 무너졌습니다. 그리고 주후 691년, 예루살렘을 정복한 이슬람 세력이 성전터에 바위 사원이라 불리는 모스크를 짓는데, 이것이 오늘까지 이릅니다.

내가 일으키리라

예수님께서 당시 건축 중이었던 헤롯 성전을 보시면서 이렇게 말씀하셨습니다.

"너희가 이 성전을 헐라 내가 사흘 만에 다시 지으리라"

요2:19

예수님께서는 헤롯 성전이 무너지고 새로운 성전이 세워질 것을 예언하셨는데, 이 예언처럼 결국 성전이 무너지고, 이후 지금까지 성전이 세워지지 않고 있습니다. 유대인들은 다시 성전을 세워야 한다고 여전히 믿고 있으나, 오히려 우리는 세 번에 걸친 성전파괴를 보면서 그 속에 담긴 메시지를 들어야 합니다. 즉 옛 성전을 다시 세우려고 할 것이 아니라, 참 성전을 깨닫고 그 성전을 세워가야 한다는 메시지입니다.

우리는 성전이 하나님의 본 뜻이 아니었음을 먼저 알아야 합니다. 하나님께서는 모세에게 성막 건축은 명령하셨지만, 다윗에게 성전 건축을 명령하신 적은 없습니다.

> "내가 이스라엘 자손을 애굽에서 인도하여 내던 날부터 오늘까지 집성전에 살지 아니하고 장막과 성막 안에서 다녔나니 … 내가 … 이스라엘 어느 지파들 가운데 … 너희가 어찌하여 나를 위하여 백향목 집성전을 건축하지 아니하였느냐고 말하였느냐" 삼하7:6-7

하나님께서 성전을 건축하고자 하는 다윗의 간청을 허락하셔서 성전이 세워진 것인데, 이후 성전은 세 차례나 파괴

되었습니다. 이런 역사적 과정 속에 성전의 참된 의미를 알려 주시려는 하나님의 섭리가 있습니다.

길 위의 성전

하나님께서 세우시려는 참 성전은 무엇일까요? 그것은 돌로 된 성전이 아닙니다. 돌로 된 성전은 웅장하고 화려하나, 하나님을 한 장소에만 계신 분으로 오해하게 만들 위험이 있습니다. 곧 이동용 텐트인 성막이 고정용 건물인 성전으로 바뀌면서, 사람들은 하나님께서 저기성전에만 계시고, 여기삶의 자리에는 계시지 않는다고 생각하게 되는 것입니다.

하지만 하나님께서는 이동이 가능한 성막의 모습으로 백성들의 삶 한복판에 계십니다. 요한복음은 예수님을 "말씀이 육신이 되어 우리 가운데 거하신" 분이라고 소개합니다. 즉 예수님께서는 하나님께서 우리의 삶 한복판에 세우신 '성막'이란 의미입니다거하다라는 말은 '성막을 세우다'라는 뜻입니다. 하나님께서는 성전이란 고정된 한 장소에 계시지 않고, 이동용 성막처럼 삶의 길 위에 계십니다. 참 성전은 '길 위의 움직이는 성막'으로 존재합니다.

하나님께서는 어느 한 장소에 국한되어 계신 분이 아닙니다. 야곱은 광야에서 돌베개를 베고 자다가 하늘과 땅이 연결되는 사닥다리가 내려오는 것을 보고 이렇게 말했습니다.

"두렵다 이곳이여 이곳은 다름이 아닌 하나님의 집이요 이는 하나님의 문이로다"창28:17

야곱은 하나님께서 광야에도 계심을 깨달았습니다. 실로 하나님께서는 온 세상에 계십니다.

"지극히 높으신 이는 손으로 지은 곳성전에 계시지 아니하시나니 … 하늘은 나의 보좌요 땅은 나의 발등상이니 너희가 나를 위해서 무슨 집성전을 짓겠으며 …"행7:48-49

온 땅은 하나님의 발등상이요, 하나님께서는 세상이란 발판 위에 왕좌를 두고 세상을 다스리십니다.

예루살렘 성전이 허물어지지 않고 아직 존재하고 있다면, 많은 사람들은 메카를 순례하는 이슬람 교도들처럼 성전순례를 할 것이고, 메카를 향하여 절하는 이들처럼 하나님을 한 장소에 계신 분으로 여기게 될 것입니다. 성전에 대한 오해는 더 굳어지고, 성전은 우상이 될 것입니다. 그러나 참 성전은 한 장소에 국한되지 않고, 모든 인생의 길 위에 있으며, 나아가 온 세상 위에 있습니다.

관계 속의 성전

뿐만 아니라 참 성전은 사람들의 마음속에 있습니다. 예수님께서는 "너희가 이 성전을 헐라 내가 사흘 만에 다시 지으리라"요2:19고 하셨습니다. 예수님께서 말씀하신 참 성전은 부활의 몸, "성전된 자기 육체"요2:21였습니다. 하나님께서는 성전을 '땅 위'가 아니라 '사람들 속'에 세우고자 하십니다. 백성들의 마음속에서 왕으로 통치하고자 하십니다. 그리하여 하나님께서 다스리시는 마음을 가진 사람들이 곧 성전이 됩니다. 몸은 "하나님께로부터 받은 바 … 성령의 전"고전6:19입니다.

이렇게 하나님을 마음에 모신 사람들이 모이면 그 공동체가 또한 성전이 됩니다.

"두 세 사람이 내 이름으로 모인 곳에는 나도 그들 중에 있느니라"마18:20

주님의 이름으로 모인 교회 공동체는 하나님의 살아 있는 성전입니다. 하나님께서 세우시는 성전은 '길 위'에 있고 '온 세상 위'에 있을 뿐 아니라, '사람 안'에 또한 '사람들의 관계 속'에 세워집니다.

새롭게 성전을 세우십시오

우리는 성전이면서 동시에 성전을 세우라고 부름을 받은 존재들입니다. 한 해가 가고 새해를 맞는 이 겨울에 새로운 것을 꿈꾸는 것도 필요하지만, 우리의 존재 목적을 새로운 마음으로 이루어 가는 것이 더 중요합니다.

성전을 세운다는 것은 땅 위에 하늘이 임하게 한다는 것입니다. 새해에는 우리 마음의 땅에 하늘이 임하게 함으로써 마음이 성전이 되게 하십시오. 그때 그곳에 참 평안이 있습니다. 내가 서 있는 지금 이곳이란 땅 위에 하늘이 임하게 하십시오. 야곱의 광야에도 계셨던 하나님께서는 지금 이곳에도 계십니다. 아무리 광야같이 어려운 상황이라 해도 바로 그곳에서 기도의 제단을 쌓으면 그곳이 곧 하늘이 열리는 성전이 됩니다.

새해, 우리들의 관계가 성전이 되도록 하십시오. 가정과 교회 안에서 사람들의 관계 속에 때로 갈등과 문제가 있을지라도, 그곳에 주님의 치유와 회복이 임하게 하십시오. 회복과 용서의 하늘이 임하면, 얽히고설킨 인간관계의 땅이 성전으로 바뀝니다.

궁극적으로 온 세상이 성전이 되도록 노력하십시오. 온 세상 사람들의 마음속에 하나님께서 거하시고, 온 세상이 성전이 되는 날을 오게 하는 것이 곧 선교입니다. 완성될 하나님 나라는 한 도시 속에 성전이 존재하는 모습이 아니라, 한 도시 전체가 성전이 되는 모습이 될 것입니다. 옛 예루살렘에는 도시 속에 성전이 있었지만, 요한계시록이 증거하는 새 예루살렘은 온 도시가 곧 성전입니다. 모든 사람들의 마음의 땅에 하늘이 임하여 성전이 되었기 때문입니다.

우리는 새해란 시간의 땅을 걷습니다. 미지의 시간의 땅에도 하늘이 임하기를, 성전이 세워지기를 바랍니다. 새해, 우리의 마음과 관계 속에, 교회와 가정 속에, 내가 걸어가게 될 길과 서 있게 될 땅 위에, 나아가 온 세상에 하늘이 임하기를, 그래서 성전이 세워지기를 바랍니다.

"
이 시대에는
기술이란 하늘은
찬란하지만,
영적·도덕적 하늘은
매우 어둡습니다.
그럴 때 옳은 곳이
어딘지 알려주는
북극성 같은
사람이 필요합니다. "

밤하늘의
반짝이는 별빛처럼

어둔 밤하늘

시대를 계절로 비유하면, 봄과 같이 희망이 넘치고 새로운 가능성이 피어나는 시대가 있습니다. 여름처럼 성장과 번영이 가득한 시대도 있고, 가을과 같이 이전 성장의 열매를 누리는 시대도 있습니다. 반면 겨울과 같이 춥고 힘든 시대가 찾아오기도 합니다. 지금 우리 시대는 어떤 계절에 해당할까요? 요즘 가장 많이 언급되는 저성장, 저출산이라는 단어는 우리 시대가 어떤 계절인지를 말해줍니다.

구약 이스라엘의 역사를 계절로 비유하자면 다윗의 시대를 봄, 솔로몬의 시대를 여름, 이스라엘과 유다의 분열 시대를 가을이라고 볼 수 있을 것입니다. 그리고 나라가 멸망하고 백성들이 바벨론 포로가 된 때가 겨울에 해당할 것입니다. 겨울이 되면 대체로 하나님이라는 태양이 잘 보이지 않습니다. 그들에게 아름다운 미래를 약속하셨던 하나님께서는 어디에 계시는지, 유다 왕국의 멸망은 곧 바벨론 제국의 신이 더 강하다는 뜻이니 이제 그를 숭배하는 것이 더 현실적인 것은 아닌지 등의 회의와 질문만 생깁니다.

그러면 이런 겨울밤 같은 시대에 필요한 것은 무엇일까요? 그럴수록 갈 방향을 알게 하고 신앙을 놓지 않게 하는 무엇인가가 필요합니다. 햇빛이 사라지고 달빛마저도 구름에 가려질 때, 나라가 무너져 열방 속에서 그 빛을 잃어버릴 때, 기독교라는 종교가 빛을 잃어 하나님이라는 태양이 잘 보이지 않을 때, 그런 겨울밤 하늘 같은 때에는 별빛 같은 하나님의 백성들이 더욱 필요합니다.

다니엘이 그랬습니다. 그의 탁월한 지혜와 성숙한 인격은 바벨론으로 끌려와 망국의 절망으로 주저앉은 유대 백성들에게 희망이 되었고, 그의 뒷모습은 그들이 뒤따라야 할 방향이 되었습니다. 그의 삶은 여전히 하나님께서 그들 가운데 계심을 보여주는 증거가 되어 그 절망의 시대에도 찬란한 별빛을 발하였습니다. 우리 시대도 그런 교회와 성도가 필요합니다. 하나님의 말씀을 향한 진실한 반응, 사랑과 용서로 가득한 교제, 성숙하고 깊이 있는 성품, 이런 작은 별빛들로 밤하늘을 아름답게 수놓는 것이 필요합니다.

겨울의 시대는 다니엘과 같은 사람을 부릅니다. 그러면 무엇이 다니엘을 그렇게 만들었을까요? 개인적인 탁월함일까요? 다니엘서가 그 비밀을 가르쳐 줍니다. 다니엘을 밤하늘을 비추는 작은 별처럼 만들었던 것이 무엇인지 말씀을 통해 알고 붙들게 되면, 평범한 우리도 이 차가운 시대에 하나님 나라의 빛을 드러낼 수 있습니다. 아니 그래야만 합니다.

말씀의 빛

다니엘을 만든 것은 말씀의 빛이었습니다. 다니엘은 청소년기에 바벨론으로 끌려갔기 때문에 아직 자기 생각이 정립되지 않았고, 주위 생각에 영향을 받기 쉬웠습니다. 따라서 그도 자기 동족들처럼 바벨론에 대한 적개심이나 하나님에 대한 회의를 가졌을 수 있습니다. 특히 바벨론 왕궁이 유대 귀족 자제들에게 제공한 풍요와 고등 교육을 받으면서 유대라는 작은 나라의 관점이 아닌 거대한 제국의 관점을 따르는 것이 맞다고 생각했을 수도 있습니다.

하지만 그는 왕이 제공하는 진미 앞에서 음식의 일부를 거부했습니다. 어릴 적 유대 땅에서 들었던 정결법이나 우상숭배를 금하는 십계명 말씀 때문이었을 수 있습니다. 여하튼 그는 바벨론 교육을 통해 다양한 지식을 접하긴 했지만, 여전히 말씀의 빛을 끄지 않고 있었던 것입니다.

그러던 그가 왕의 꿈을 해몽해 주면서 순식간에 고위 관직에 오르게 됩니다. 그런 자리에 오르게 되면 유다의 멸망을 그저 제국주의적 힘의 관점에서 받아들이기 쉬울 수 있습니다. 하지만 그는 예레미야 선지자의 예언을 읽고 하나님 말씀의 관점에서 유다의 멸망을 이해했습니다^{단9장}.

그는 세 가지를 깨달았습니다. 먼저 유다의 멸망과 바벨론 유수는 하나님께서 바벨론의 신보다 약하거나 하나님의 약속이 폐기되었기 때문이 아니라는 것이었습니다. 그것은 왕과 지주들과 백성들의 죄에 대한 심판이었습니다. 그렇다면 유다의 멸망은 하나님께서 계시지 않는 증거가 아니라, 반대로 하나님께서 계시다는 증거였습니다.

둘째, 바벨론 포로가 죄에 대한 징계라면 이 과정을 통과하면 회복이 있을 텐데, 그 회복은 단순한 과거로의 회귀가 아니라 더 높은 차원의 하나님 나라의 역사가 될 것이라는 깨달음이었습니다.

셋째, 하나님 백성의 포로 상태에 이런 뜻이 담겨 있기에 포로 기간은 바벨론 왕의 의지로 늘이거나 포로된 백성의 바람대로 줄일 수 있는 것이 아니라, 하나님의 의지에 따라 70년으로 정해져 있다는 것이었습니다.

이렇듯 다니엘은 바벨론 제국의 관점이 아니라 말씀의 빛에 의지해서 시대를 바르게 이해했고, 포로 기간 중 무엇을 해야 할지를 정확히 알 수 있었습니다.

우리도 다양한 고통의 포로가 된 시대를 살고 있습니다. 누군가는 이 시대를 여러 학문의 빛으로 분석하고 진단할 수 있을 것입니다. 하지만 말씀의 빛을 통해서 볼 때 이 시대의 가장 깊은 문제가 드러납니다. 곧 고통의 포로가 된 우리 시대가 안고 있는 가장 깊은 문제는 자기를 사랑하고, 돈을 사랑하고, 그런 자기를 보지 못하는 내적 어둠입니다.

"말세에 고통하는 때가 이르러 사람들이 자기를 사랑하며 돈을 사랑하며 자랑하며 교만하며 비방하며 부모를 거역하며 감사하지 아니하며 거룩하지 아니하며 무정하며 원통함을 풀지 아니하며 모함하며 절제하지 못하며 사나우며"딤후3:1-3

다니엘은 말씀의 빛에 시대만이 아니라 자기 자신도 비추어 봤습니다. 그는 단순히 자신을 바벨론 포로로 혹은 바벨론 왕실 관료로 생각할 수도 있었습니다. 자신을 비참한 존재로 혹은 대단한 존재로 여길 수도 있었습니다. 하지만 그는 말씀의 빛 아래에서 자기를 봤습니다. 곧 그는 포로이면서 관료였지만, 무엇보다 그는 약속의 백성이었습니다.

시대가 어둡다는 것은 길거리가 어둡다는 것이 아니라, 길을 다니는 사람들의 마음이 어둡다는 것입니다. 내면이라는 하늘에 자기 성찰의 빛이 약하거나 꺼져버린 것입니다. 그러니 타인의 평가를 빛으로 삼아 자신을 열등한 존재로 혹은 대단한 존재로 여깁니다. 하지만 우리가 누구인지를 알고 말씀해주시는 분은 하나님이십니다.

바울은 사도로서 존경도 받았지만, 반대로 사도가 아니라는 비난도 받았습니다. 두 가지 상반된 평가가 주어질 때, 그는 말씀의 빛 아래에 드러난 자기를 붙들려고 했습니다.

"사람이 마땅히 우리를 그리스도의 일꾼이요 하나님의 비밀을 맡은 자로 여길지어다 … 너희에게나 다른 사람에게나 판단 받는 것이 내게는 매우 작은 일이라 나도 나를 판단하지 아니하노니 내가 자책할 아무것도 깨닫지 못하

나 이로 말미암아 의롭다 함을 얻지 못하노라 다만 나를
심판하실 이는 주시니라"고전4:1-4

청찬을 받는 자신, 악평을 받는 자신, 남의 판단에 따른
두 상반된 바울의 모습이 있습니다. 그런가 하면 자책할 것
을 찾지 못하겠다는 바울 자신의 자기 평가도 있습니다. 어
떤 것이 자신의 참 모습일까요? 바울은 남의 평가와 자신의
평가가 진실을 보여주지 못함을 잘 알았습니다. 그래서 자신
도 자기를 평가하지 않기로 합니다. 그리고 "다만 나를 심판
하실 이는 주시니라"고 하면서 오직 주님의 평가를 따라 자
기를 보려고 했습니다. 그는 말씀의 빛 아래서 자기를 본 것
입니다. 다니엘도 이처럼 성경의 빛으로 시대와 자신을 보려
고 노력했고, 그것이 다니엘의 빛나는 삶을 만들었습니다.

기도의 불

다니엘을 만든 두 번째 것은 기도의 불입니다. 그는 기도
의 불을 끄지 않았습니다. 매일 규칙적으로 기도했습니다.
모닥불이 타려면 장작을 계속 넣어야 하듯이, 기도가 잘되

건 안되건 계속 습관을 따라 기도해야 기도의 불이 꺼지지 않습니다. 다니엘은 "전에 하던 대로 하루 세 번씩 무릎을 꿇고 기도"했습니다단6:10.

고위 관료로서 일정이 바빴을 텐데도 그렇게 기도할 수 있었던 것은 하루 세 번이라는 기도 시간을 정해두고 기도하던 오랜 습관을 지켰기 때문입니다. 이런 다니엘을 시기한 다른 관료들이 기도 금지 법안을 만들고 이를 어기면 사자 굴에 넣는다고 위협했지만, 그럼에도 그는 기도했습니다. 기도를 생명처럼 붙들었습니다. 이것이 소년 시절부터 노년 시절까지 다니엘을 다니엘에게 만든 힘이었습니다.

기도가 중요하지만 기도하지 못하는 수많은 핑계들이 있습니다. 게으름과 습관이 기도를 막고, 여러 잡념들과 바쁜 일들이 기도를 막습니다. 사탄은 기도만큼은 하지 못하게 막으려고 합니다. 하지만 그럴수록 기도 습관이 중요합니다.

그러면 다니엘은 무엇을 기도했을까요? 그의 상황이라면 민족적 원한을 품고 바벨론의 멸망을 위해 기도했을 수도 있습니다. 하지만 다니엘은 자기 감정을 따라 기도하지 않고 말씀을 따라 기도했습니다. 특히 그는 예레미야 말씀을 읽었고, 그 말씀을 따라 기도했습니다.

"너희는 내가 사로잡혀 가게 한 그 성읍의 평안을 구하고 그를 위하여 여호와께 기도하라 이는 그 성읍이 평안함으로 너희도 평안할 것임이라"렘29:7

곧 바벨론 포로가 된 것은 하나님께서 뜻이 있어 허락하신 것이니, 포로 기간에 바벨론의 멸망을 위해 기도하지 말고 민족의 죄를 회개하는 기도를, 그리고 지금의 고난 뒤에 놓인 하나님의 뜻을 찾는 기도를 하라는 말씀이었습니다.

그래서 다니엘은 나라의 멸망을 가져온 왕과 지주들을 탓하고 저주하는 기도가 아니라, 그들의 죄를 공동체의 죄요 자신의 죄라고 고백하며 회개했습니다.

"우리가 주께 패역하였음이오며 우리 하나님 여호와의 목소리를 듣지 아니하며 … 우리는 범죄하였고 … 내 죄와 내 백성 이스라엘의 죄를 자복하고…"단9:9-20

또한 예레미야 예언자의 말씀에, 바벨론 포로 기간이 70년일 것인데 그것이 끝나면 그다음 하나님의 뜻이 있을 것이니 그것을 위해 기도하라고 했습니다.

"바벨론에서 칠십 년이 차면 … 너희를 이곳으로 돌아오
게 하리라 … 너희를 향한 나의 생각을 내가 아나니 평안
이요 재앙이 아니니라 너희에게 미래와 희망을 주는 것이
니라"렘29:10-12

그래서 그는 이 말씀을 붙들고 그 기간을 기도로 채웠습
니다. 말씀을 의지했기에 중간에 포기하지 않고 끝까지 기
도했습니다.

기도에서 감정은 중요한 요소입니다. 하지만 감정에 끌
려다녀서는 안 됩니다. 어떤 상황, 어떤 감정에서든, 우리는
하나님의 말씀을 기억하며 기도할 수 있어야 합니다. 그럴
때 우리의 기도가 계속될 수 있습니다.

성화의 삶

다니엘을 겨울 밤하늘을 비추는 별처럼 만든 세 번째 요
소는 그의 삶입니다. 대개 왕조나 정권이 바뀌면 고위 관료
도 교체됩니다. 한 정권 내에서도 고위 관료는 수시로 바뀔
수 있는데, 다니엘은 무려 네 왕 아래서 계속 고위 관료로

일했습니다. 그만큼 그는 뛰어난 실력을 인정받았습니다. 하지만 무엇보다 그는 사심이 없고 신실했습니다. 정권 교체 과정은 권모술수가 넘쳐나고 수많은 기회주의자들이 활개 치는 어두운 밤하늘 같은 시절입니다. 그 모든 시간 속에서 다니엘은 빛나는 별과 같았습니다.

또 다니엘은 함께 바벨론에 포로로 잡혀 왔던 동족들에게도 이정표 같은 존재였습니다. 바벨론 문명의 한복판에서 그는 여전히 하나님 백성으로서의 모습을 유지했습니다. 포로의 시절이 동족에게는 어두운 밤하늘과 같았겠지만, 그들은 다니엘을 보면서 자신들의 정체성을 붙들 수 있었습니다. 그는 동족들이 바라보고 따라가야 할 별빛이었습니다.

그는 탁월한 지혜와 신실함으로 제국의 왕과 지도자들이 가야 할 길을 보여주었고, 또 제국의 문제점과 한계도 알게 해주었으며, 동족들에게는 포로 상태에서 어떤 길로 행해야 할지를 알려주는 밤하늘의 별이었습니다.

"지혜 있는 자는 궁창의 빛과 같이 빛날 것이요 많은 사람을 옳은 데로 돌아오게 한 자는 별과 같이 영원토록 빛나리라" 단12:3

다니엘의 삶은 말씀의 빛과 기도의 불과 거룩한 삶이 균형을 갖춘 삶이었고, 그로 인해 밤하늘의 별처럼 빛나는 삶이었습니다. 이 시대에는 기술이란 하늘은 찬란하지만, 영적·도덕적 하늘은 매우 어둡습니다. 그럴 때 옳은 곳이 어딘지 알려주는 북극성 같은 사람이 필요합니다.

다니엘은 여러모로 너무 높은 산 같아서 감히 따라갈 엄두를 낼 수 없을 것만 같습니다. 하지만 하나님 나라에서 중요한 것은 세상적으로 얼마나 높은 자리에까지 올라가느냐가 아닙니다. 우리도 매일 말씀의 빛과 기도의 불이 있다면, 어떤 상황에서든 말씀에 시대와 자신을 비추어 보며 기도하고 실천한다면, 하나님 나라의 빛을 조금이라도 드러내는 별이 될 수 있습니다.

화려하고 요란하지만 자기 성찰은 너무 약해진 시대, 삶의 방향을 잃어버린 시대, 자의식은 너무 강하고 타인 의식은 무디어진 시대입니다. 이런 시대일수록 말씀의 빛 아래 참된 자기 성찰과 기도와 실천을 꾸준히 지속한다면, 우리는 차가운 겨울 같은 세상에 온기를 더하고, 교만한 세상에 겸손의 향기를 발하며, 그리스도를 닮은 은은하고 조용한 빛을 비추는 작은 별이 될 것입니다. 그러면 그 겨울밤 하늘은 작은 별빛들로 수놓인 아름다운 하늘이 될 것입니다.